Conseil
d'orientation
des
retraites

Retraite : choix individuels et solidarité

Colloque organisé
par le Conseil d'orientation
des retraites le 17 octobre 2002

Conseil d'orientation des retraites
113, rue de Grenelle
75007 Paris
www.cor-retraites.fr

ISBN : 2-11-005305-4

SOMMAIRE

Ouverture du colloque

Dominique ROUSSET
Journaliste, animatrice du colloque

Les termes de « choix individuels et solidarité » renvoient à l'un des aspects saillants du champ de réflexion plus vaste concernant les régimes de retraite en France et dans l'ensemble des pays de l'OCDE. Cet aspect de la liberté de choix individuel s'inscrit dans les objectifs de la réforme des retraites et, au-delà, comme un enjeu de société, dans sa dimension de choix intime, de qualité de vie et d'utilité sociale.

Cette matinée s'articule autour des deux groupes d'intervenants dont les présentations seront suivies de vos questions et remarques. Le premier groupe présentera ses réflexions et propositions que le second complétera en se concentrant sur les conditions d'application des diverses approches.

Introduction

Jean-Baptiste de FOUCAULD
Inspecteur général des finances,
membre du Conseil d'orientation des retraites

Le Conseil d'orientation des retraites (COR) ressent le besoin d'un dialogue ouvert sur certains sujets délicats. C'est pourquoi un second colloque a été organisé, un an et demi après un premier colloque sur le thème « Âge et travail ». Ce colloque s'était intéressé au relèvement du taux d'activité des personnes de moins de soixante ans. Nous sommes réunis aujourd'hui pour débattre de l'équilibre à atteindre en matière de retraite entre les choix individuels et un système fondé sur la solidarité. Le Conseil d'orientation des retraites vise à enrichir ses réflexions afin de contribuer au débat sur les retraites qui se tiendra au début de l'année 2003.

Les choix individuels : un sujet complexe appelant des arbitrages délicats

Les choix individuels ont souvent été évoqués dans des travaux d'experts et d'hommes engagés. Peuvent notamment être cités les écrits de Xavier Gaullier et le rapport de Dominique Taddei. Ce thème suscite surtout des attentes de la population.

Dans son premier rapport, le Conseil d'orientation des retraites consacrait déjà une place à cette question afin d'établir un état des lieux et d'émettre quelques propositions. Un chapitre entier avait été consacré à l'évolution possible des temps de la vie. L'élargissement du spectre des choix individuels est l'un des sept points du contrat intergénérationnel proposé. Quelques modalités de politiques favorisant les choix individuels avaient été mentionnées, tels les rachats de cotisation, des coefficients d'abattement ou de majoration en cas de retraite anticipée ou différée ainsi que les retraites progressives.

Le rapport du Conseil d'orientation des retraites est loin de couvrir l'ensemble de la problématique des choix individuels. Le passage de la théorie aux actes est en effet particulièrement ardu dans ce domaine. Malgré un libellé clair, ce sujet est complexe et imperméable aux solutions lapidaires ou péremptoires.

La liste d'interrogations apparaissant sur le programme du colloque pose bien le problème, surtout la dernière :

– Les mesures et actions propres à assurer l'équilibre financier des régimes de retraite doivent-elles être définies préalablement à d'éventuelles mesures d'assouplissement ?
– Un même système peut-il à la fois résoudre les problèmes d'équilibre financier et assurer la liberté de choix ?
– Part-on de la liberté de choix ou de la réforme, ou encore des deux simultanément ?
– La demande sociale est-elle identique selon les diverses catégories ?
– Peut-on envisager de supprimer toute condition d'âge en abandonnant ainsi tout repère collectif ?
– Quelles sont les conditions à remplir du point de vue de l'emploi et du droit au travail pour que cette liberté ait un contenu réel ?
– Quels sont les coûts des choix individuels, des plus onéreux à ceux qui seraient bénéficiaires pour le système ?
– La liberté de choix remet-elle en cause un pilotage d'ensemble des régimes ?

En outre les expériences des pays européens peuvent être sources d'inspiration même si une transposition pure et simple ignorant les contextes spécifiques était un échec.

La nécessaire complémentarité entre choix individuels et collectifs

Les possibilités d'arbitrage entre temps libre et revenus doivent être facilitées tout au long de la vie

Cet arbitrage fondamental devrait être considéré comme un droit de la personne humaine. Il devrait être assuré non seulement au moment de la retraite, mais tout au long de la vie, pour se cultiver, pour élever ses enfants, pour changer d'activité, selon la logique des équations temporelles personnelles analysées par William Grossin [1]. Il serait dommage de limiter ce choix à la périphérie de l'âge de départ en retraite. Cela relèverait d'une vision étroite. L'accroissement des choix individuels en matière de retraite est un élément d'une politique du temps choisi, qui doit être beaucoup plus large dans sa visée.

Il est vrai que ce droit au travail à temps choisi, sans précarité, ni pénalité, – qui ne se confond pas avec le travail à temps partiel lorsqu'il est contraint – n'est ni vraiment reconnu, ni vraiment organisé, et qu'il se heurte à beaucoup de résistances. Il souffre en particulier d'une compétition néfaste avec la baisse de la durée collective du travail dont il est pourtant complémentaire. Mais il est un élément essentiel d'un modèle de développement durable et solidaire fondé sur le développement de la

1. Voir par exemple *Échange et projets*, mars 1986.

personne. Ce n'est pas l'objet de ce colloque, qui se concentre sur des sujets plus techniques, mais ce sont des questions qui en constituent la toile de fond.

Le droit au choix individuel doit être organisé en fonction des besoins collectifs

Une fois posé le principe de choix, il faut éviter le double écueil d'une vision libertaire, ou d'une vision flexibiliste. Notre démarche concernant la retraite choisie doit s'insérer dans notre recherche collective visant à assurer, dans l'intérêt de tous – entreprises, mais aussi salariés – un équilibre entre sécurité et flexibilité. La retraite mieux choisie ne doit pas s'effectuer aux dépens de la solidarité et de la redistribution face aux risques que cette notion implique. La retraite choisie ne va pas de soi. C'est une construction sociale à opérer, comme le temps choisi lui-même d'ailleurs. L'assouplissement des choix individuels n'est pas un substitut des choix collectifs à opérer pour assurer la pérennité de la répartition, même s'il peut y contribuer.

Le besoin de choix collectifs

Des choix collectifs assurant la pérennité du système de répartition sont les préalables indispensables à l'assouplissement individuel. Le grand théoricien suédois de la politique des salaires, Gösta Rehn [1], avait élaboré en 1973 une réflexion sur la « banque du temps ». Il y mettait en évidence cette inscription des choix individuels dans des choix collectifs. Plus les choix individuels sont accrus, plus les repères collectifs doivent être valorisés et légitimés. Il est ainsi légitime, en fonction des objectifs communs, que certains choix individuels soient plus favorisés que d'autres et même que certains soient pénalisés.

Tous les individus ne sont pas égaux face aux choix

Nous ne nous situons pas dans une société plane et bien huilée où tous seraient libres et égaux face aux choix. Cela est vrai, en particulier, du fait de la situation de l'emploi et de la profonde injustice qui frappe, de ce point de vue, les jeunes (dont le taux de chômage est presque le double de la moyenne et qui ne doivent pas être sacrifiés aux arbitrages intergénérationnels), qui frappe les salariés de plus cinquante ans, et qui frappe les chômeurs de longue durée. La baisse du taux d'activité qui en résulte fragilise les retraites et l'on reconnaît tous qu'il convient de le relever : mais il faut le relever prioritairement au profit de ceux qui en ont le plus besoin. Parallèlement, stratégie face à l'emploi et stratégie de

1. Gösta Rehn, *Pour une plus grande flexibilité de la vie de travail*, Observateur de l'OCDE, février 1973.

consolidation des retraites devraient être strictement liées, notamment dans l'ordre de mise en jeu des trois paramètres classiques d'ajustement [1].

Ne pas hésiter à innover

Des terrains nouveaux et difficiles devront être abordés. La loi de 1987 permettant aux employeurs de forcer au départ des salariés pouvant prétendre à une retraite au taux plein ne pourra sans doute pas demeurer en l'état ; de même que la législation sur les cumuls. Faut-il permettre aux salariés travaillant à temps partiel de cotiser à taux plein ? Faut-il financer des années sabbatiques en escomptant de futures années de pension ou utiliser des mécanismes d'épargne préalable comme le compte « épargne-temps » ? Pourquoi ne pas faire coulisser épargne salariale et épargne-temps, de la première vers la seconde afin de favoriser la prise de temps choisi et l'emploi ou, inversement, pour favoriser le financement de la retraite ? Organiser des flux dans les deux sens serait une expression de liberté.

Le moment de la décision est proche et risque d'être difficile. Il nous faudra alors faire un effort de confiance mutuelle qui fait souvent défaut en France. Un mode contractuel pourrait refonder la confiance dans le système de retraite. Cette adaptation demandera courage et imagination.

1. Sur ce point, voir J.B. de Foucauld, *Les trois cultures du développement humain*, chapitre 8 : « Les régulations du nouveau contrat de société », Odile Jacob, 2002.

Quels choix individuels pour la retraite ? Les orientations possibles pour la France et les exemples étrangers

Participaient à ce débat :

Didier BLANCHET, chef du département emploi et revenus d'activité de l'INSEE, membre du Conseil d'orientation des retraites,
Yves CHASSARD, directeur des études de Bernard Brunhes Consultants.

Le débat était animé par Dominique ROUSSET.

Dominique ROUSSET

Un enjeu important réside dans l'évolution des attitudes de la génération issue du *baby boom*. Yves Chassard, vous avez travaillé sur l'emploi après cinquante-cinq ans, vous avez réalisé des comparaisons avec les autres pays et mis en avant la spécificité française.

Yves CHASSARD

Je m'exprime ici en tant que citoyen ayant réfléchi au sujet qui nous intéresse, mes paroles n'engagent donc que moi. Ma réflexion trouve son origine dans les conclusions d'une étude sur l'emploi des salariés de plus de cinquante-cinq ans dans différents pays développés, que Bernard Brunhes Consultants avait menée en 2000. Il apparaissait en effet que les pays où le taux d'emploi après cinquante-cinq ans est élevé sont des pays où il est financièrement rentable de travailler longtemps. Au Royaume-Uni, une incitation puissante à prolonger son activité (même si ce n'est pas celle que nous voulons transposer en France) provient du fait que les salariés anticipent une forte baisse de pouvoir d'achat au moment de la retraite. En Suède, l'incitation vient du fait que l'on est récompensé par une hausse sensible du montant de la pension lorsqu'on repousse le moment où l'on demande la liquidation de ses droits à retraite. Aux États-Unis, l'incitation vient du fait que le cumul est désormais autorisé entre une retraite et un revenu d'activité.

Je voudrais montrer que la flexibilité telle que l'a définie Jean-Baptiste de Foucauld offre une voie utile à explorer pour une réforme du système de retraite.

Dominique ROUSSET

En qualifiant la France de « mauvaise », vous émettez un jugement de valeur très fort sur les choix effectués. Les conséquences portent sur les individus mais aussi sur les performances économiques et sociales des pays. Ainsi, les États-Unis font valoir l'intérêt pour le pays de faire travailler les personnes bien au-delà de cinquante-cinq ans.

Yves CHASSARD

Tout ceci a été abondamment discuté lors du premier colloque du Conseil d'orientation des retraites. Les travaux du Conseil ont souligné notamment que deux ans et demi séparent l'âge effectif moyen de cessation d'activité de l'âge de demande de liquidation des droits. Avant de repousser l'âge de liquidation des droits, il faudrait parvenir à réduire cet écart.

Dominique ROUSSET

Pourquoi l'idée de flexibilité devient-elle selon vous de plus en plus intéressante ?

Yves CHASSARD

Pour éclairer ce débat sur la flexibilité, il faut dire un mot du contexte. On ne peut qu'être frappé par le fait que tous les pays européens qui ont réformé leur système de retraite l'ont fait dans un sens qui les éloigne des régimes à « prestations définies » (régimes dans lesquels on promet tel taux de remplacement du salaire à tel âge, moyennant une durée de cotisation en général assez faible) et qui se rapproche des régimes à « cotisations définies » (on touche la transformation en rente du capital de cotisations accumulé). Dans les régimes par répartition, cette tendance se traduit par la généralisation de systèmes par points (le système allemand, les régimes ARRCO et AGIRC en France) ou, sous une forme plus sophistiquée, de « comptes notionnels » (en Suède et dans le nouveau système italien). Dans les grandes réformes entreprises en Finlande, en Suède ou en Italie, la durée de cotisation devient une variable aussi importante que l'âge de la retraite.

Une telle transformation est, au total, plutôt positive. En effet, dans un système classique à prestations définies, on a des redistributions opaques et parfois non voulues, et même des antiredistributions, des pauvres vers les riches, à cause des différences d'espérance de vie entre catégories socioprofessionnelles. On sait, par exemple, que pendant longtemps (avant la retraite à soixante ans), l'espérance de vie moyenne des ouvriers était inférieure à l'âge légal de la retraite. Un système à cotisations définies présente moins ces inconvénients, dans la mesure où il fait intervenir une autre variable qui tend même à devenir déterminante : le nombre d'années de cotisations. Donc, plus on commence à travailler jeune, plus on peut partir jeune. Mais un tel système oblige à expliciter les éléments de solidarité contenus dans le système : attribue-t-on des points gratuits, ou financés par des tiers, et pour quel montant en cas d'interruption de carrière (maladie, chômage, congé parental, etc.) ?

C'est dans ce contexte qu'intervient le débat sur la flexibilité. Nous pouvons nous demander si la tendance ne devrait pas être prolongée et si la variable âge ne devrait pas passer au second plan. Si l'on pousse la logique d'un système à cotisations définies, pourquoi ne pas laisser à l'assuré le libre choix du moment où il demande la liquidation des droits accumulés ? Le montant de la pension annuelle dépendrait alors du montant des droits acquis et du moment où on décide de prendre sa retraite (par exemple entre cinquante-cinq et soixante-dix ans). L'équation suivante peut être imaginée. Le total des droits acquis se convertit en un produit très simple : le montant d'une pension annuelle multiplié par la durée probable pendant laquelle cette pension va être versée. Et il suffit d'un garde-fou très simple pour fixer l'âge minimal de départ : un assuré pourrait demander la liquidation de ses droits dès que le montant de la pension, ainsi calculée, dépasse le minimum vieillesse, ceci afin d'éviter qu'il ne se retrouve à la charge de la collectivité simplement parce qu'il est parti en retraite trop tôt.

On se réfère souvent à la notion de neutralité actuarielle, qui consiste à faire en sorte que le montant de la pension multiplié par la durée prévue de versement de la pension soit égal au total des droits acquis. C'est une notion qu'il faut manier avec précaution. J'avais écrit un article intitulé « Du bon usage de la neutralité actuarielle », car un mauvais usage est possible. La durée prévue de versement de la pension dépend en effet de l'âge au départ, mais aussi du sexe et d'autres critères sociodémographiques. On n'échappe pas alors à la question suivante : est-ce qu'il faut faire intervenir les facteurs qui déterminent la durée de la retraite (autres que l'âge au moment du départ), et notamment l'espérance de vie liée aux caractéristiques sociodémographiques des individus ?

Dominique ROUSSET

Pour votre part, vous affirmez que les femmes ne doivent pas être pénalisées du fait de la différence d'espérance de vie.

Yves CHASSARD

En effet, les femmes ne doivent pas être pénalisées à cause de leur plus grande espérance de vie. La spécificité de l'assurance sociale par rapport à l'assurance privée, c'est que la cotisation ne dépend pas de l'intensité du risque spécifique à l'individu assuré. Les hommes cotisent à l'assurance maternité au même titre que les femmes. Les vieux salariés paient les mêmes cotisations à l'assurance maladie que les plus jeunes. Ceci est très important, car cela égalise le coût du travail – et donc les opportunités d'emploi – à salaire net identique. Il ne revient pas plus cher pour un employeur d'embaucher une femme qu'un homme, un vieux qu'un jeune. C'est d'ailleurs là l'une des forces d'un régime général couvrant tous les salariés par rapport à un régime d'entreprise. Dans les régimes d'entreprise, quelle que soit la solution adoptée, les femmes sont toujours perdantes du fait de leur plus grande espérance de vie : soit elles touchent une pension plus faible, soit elles coûtent plus cher à leur employeur et leurs chances de trouver un emploi diminuent.

Mais il y a là un vrai débat : si on ne tient pas compte du sexe, doit-on tenir compte de l'incidence du type d'emploi occupé pour calculer le montant de la pension, sachant que l'emploi, la catégorie socioprofessionnelle, les conditions de travail influent statistiquement sur l'espérance de vie ? Une réponse partielle et insatisfaisante a été donnée jusqu'ici à travers les régimes spéciaux (mineurs, roulants SNCF, catégories actives de la fonction publique...). À mon sens, la meilleure solution, tout à fait compatible avec un schéma de retraite flexible, serait d'attribuer des points qui comptent double ou triple au titre des périodes où l'emploi occupé est particulièrement pénible ou présente des sujétions particulières. Cette solution aurait le mérite de ne pas figer les situations acquises tout en avançant dans la voie de l'équité.

Il est important de bien réaliser qu'introduire de la flexibilité dans les conditions de liquidation des droits n'empêche en rien la solidarité de s'exercer en ce qui concerne l'acquisition des droits.

Dominique ROUSSET

Nous relancerons cette discussion tout à l'heure avec la salle, des avis divergents s'élèveront peut-être. Quels seraient les effets de la flexibilité que vous proposez sur les dépenses de retraite ? Augmenteraient-elles un peu ?

Yves CHASSARD

Certains considèrent qu'en laissant la liberté aux salariés de choisir le moment du départ en retraite sur une plage de cinquante-cinq à soixante-dix ans, cela augmenterait les dépenses de retraite. En effet, des personnes pourraient partir plus tôt en anticipant le fait que leur fin sera proche. Personnellement, je suis sceptique quant à la possibilité d'avoir à cinquante-cinq ans une évaluation fiable de son espérance de vie. Mais même si c'est le cas, on améliorerait l'équité du système en permettant à ceux qui vivront le moins longtemps de partir plus tôt. Quand la retraite était fixée à soixante-cinq ans, on constatait des phénomènes « d'antiredistribution », certaines catégories sociales ayant des espérances de vie inférieures à cet âge. Cela générait beaucoup d'économies pour le système, mais c'était parfaitement inéquitable.

Dominique ROUSSET

Vous souhaitez donc sortir d'un blocage qui empêche le vrai débat. Personne n'ose affecter la génération des « *baby boomers* ». L'idée de flexibilité, pouvant paraître choquante à certains, permettrait pourtant selon vous de relancer le débat. Par ailleurs, avons-nous des indications sur les exemples étrangers à propos du cumul entre un emploi et une retraite ?

Yves CHASSARD

Si l'on en fait un bon usage, l'idée de flexibilité peut-être féconde, parce qu'elle permettrait d'ouvrir le champ des modalités possibles de réforme de notre système de retraite. Elle ne préjuge en rien la répartition des efforts entre l'augmentation des taux de cotisation, celle de la durée de cotisation et la baisse du taux de remplacement. Je m'explique.

Il me semble que nous sommes face à un enjeu politique majeur : est-ce que nous pouvons nous permettre de laisser la génération du *baby boom* à l'écart de la réforme ? On peut en effet construire de très beaux systèmes, avec tous les stabilisateurs souhaitables (comme l'a fait l'Italie avec la réforme Dini de 1995), si l'on n'applique le nouveau système qu'aux générations qui rentrent sur le marché du travail après l'instauration de la réforme, l'impact de celle-ci ne se fait sentir que quarante ans plus tard. Or on connaît la chronique des déficits annoncés pour le système français, qui sont à échéance beaucoup plus brève.

D'un autre côté, on ne peut pas annoncer à des gens qui sont à cinq ans de leur départ supposé en retraite que les conditions de leur départ sont purement et simplement modifiées. Dans ces conditions, la flexibilité c'est, à mon sens, le seul moyen de faire accepter une réforme qui comporte une baisse modérée des taux de remplacement et qui touche les *baby boomers*.

Mais le principal mérite d'un système flexible serait de récompenser vraiment la prolongation d'activité, qui actuellement ne l'est pas ou très imparfaitement. Il devrait le faire à un double titre : parce qu'on acquiert plus de droits, mais aussi parce que la durée de versement de la pension sera moindre. Si l'on ajoute les deux éléments, le supplément de pension devrait être de 6 à 7 % pour une année supplémentaire d'activité.

Surtout, les assurés pourraient entamer après cinquante-cinq ans une seconde carrière, peut-être moins rémunérée, mais également moins fatigante, moins stressante. Cette nouvelle activité permettrait d'accumuler de nouveaux droits à retraite, qu'on choisirait de liquider plus tard, au moment où on s'arrête définitivement de travailler.

Certes, des précautions sont indispensables et je suis bien conscient que mes propositions peuvent susciter des objections. J'en vois deux principales.

La première concerne le départ en retraite. Le système repose sur l'hypothèse que le salarié est maître du choix de son départ en retraite, qu'il peut décider en connaissance de cause du moment où il va demander la liquidation de ses droits. Il importerait de mettre les salariés à l'abri de possibles pressions de leur employeur pour anticiper leur départ en retraite. Il serait sans doute nécessaire de maintenir un âge minimal assez élevé (peut-être supérieur à soixante ans) avant lequel l'employeur ne peut pas interrompre, de sa propre initiative, le contrat de travail pour cause de départ en retraite.

L'autre écueil touche aux conditions du cumul. On tombe sur le problème très délicat du cumul entre une retraite et un revenu tiré d'une activité salariée. En Suède, le nouveau système prévoit la possibilité de liquider une partie des droits, de continuer à travailler, d'acquérir de nouveaux droits et de demander une seconde liquidation. Mais le cumul comporte un vrai danger de dumping social, comme c'est le cas au Japon où on voit des retraités concurrencer les salariés plus jeunes en acceptant des bas salaires.

Je crois qu'il y a une grande différence entre la Suède et le Japon. La majorité des Suédois ayant demandé une liquidation de leurs droits à l'âge minimal, qui est de soixante et un ans, et qui continuent à travailler, le font dans le secteur public où il est plus facile d'empêcher le dumping social. Après tout, n'est-ce pas un exemple à méditer pour la France ? Si demain des difficultés de recrutement apparaissent, par exemple dans les collectivités territoriales (comme un certain nombre d'entre elles semblent déjà le redouter), ne peut-on pas imaginer qu'elles doivent embaucher un jour des salariés seniors pour une seconde carrière ?

Dominique ROUSSET

Si nous poussons votre raisonnement assez loin, ce libre choix de la retraite peut aboutir à la disparition ou à un changement de nature de la retraite.

Yves CHASSARD

Oui, je concluais mon article dans la revue *Droit social* en écrivant : « On demande un nouveau Beveridge ». Car je crois que c'est une refonte de l'ensemble du système de protection sociale qui est sous-tendue par cette idée. La retraite serait remplacée par un revenu de deuxième partie de vie, cumulable avec un revenu d'activité. Cela peut ressembler à ce qu'Alain Supiot avait proposé sous les termes de « droits de tirage sociaux ». Rappelons-nous que la retraite était initialement une assurance contre le risque de se trouver démuni lorsqu'on n'est plus capable de travailler. Elle est devenue la juste récompense d'un certain nombre d'années de travail. Elle pourrait évoluer vers un revenu de deuxième partie de vie, permettant d'amortir en douceur la transition vers l'inactivité. La partie « assurance » ne disparaîtrait pas, mais serait réservée au risque de dépendance, qui est bel et bien assurable, parce que largement non prévisible. Une telle métamorphose du système de protection n'est peut-être pas pour demain, mais mon sentiment est qu'on y viendra un jour.

Yannick MOREAU, conseiller d'État, présidente du Conseil d'orientation des retraites

Je formulerai une remarque et une question.

Pour compléter les réflexions de monsieur Chassard, qui évoque une possible diminution des taux de remplacement, je voudrais rappeler que cette diminution du taux de remplacement est en cours en France actuellement. Cette conséquence de la réforme de 1993 est connue et présente dans le débat public. C'est d'ailleurs l'argument employé par les assureurs afin de vendre des produits complémentaires.

Yves Chassard pose une question cruciale : si une liberté de choix est proposée, ce que je souhaite, y a-t-il des conditions minimales à respecter ? On constate que, dans les pays étrangers où il y a une marge de choix pour le départ à la retraite, il y a toujours un âge minimal qui est presque toujours supérieur ou égal à soixante ans. Certains imaginent pour la France une liberté symétrique avant et après soixante ans. Si la plage d'âge pendant laquelle la retraite peut être liquidée commençait à un âge inférieur à soixante ans, nous mettrions en place un système particulièrement original.

Dominique ROUSSET

Didier Blanchet, votre intervention ne remettra pas en cause le principe de flexibilité mais l'examinera en précisant ses conditions et le fait qu'il n'apporte pas la réponse à tous les problèmes. Êtes-vous pour ou contre cette liberté de choix ?

Didier BLANCHET

Sur le fond, je suis plutôt favorable à l'introduction d'une certaine flexibilisation des choix d'âge de départ en retraite. Les résistances que cette idée suscite, à mon avis, portent plutôt sur ses modalités et, notamment, sur le fait qu'elle impliquerait l'alignement des barèmes de retraite sur ce principe dit de « neutralité actuarielle », qui fait un peu figure de repoussoir. Pour résoudre ce blocage, une possibilité serait peut-être de ne plus employer ce terme ou, mieux, de fournir un effort pédagogique précisant que cette application du principe de neutralité actuarielle ne serait pas forcément contradictoire avec l'objectif de solidarité.

En fait, il ne faut pas parler de « la » neutralité actuarielle au singulier, car ce concept peut se décliner de diverses façons. Une distinction est notamment à opérer entre une neutralité actuarielle au sens strict et celle, plus restreinte, qu'il faudrait appliquer dans un contexte de libre choix. Au sens strict, cette notion veut que chacun reçoive exactement ce pour quoi il a payé. Appliqué tel quel, ce principe interdirait toute redistribution au sein d'un système de protection sociale : on parle de « dérive assurancielle ». Ceci n'est pas souhaitable et ce n'est pas ce qui est envisagé pour la gestion de retraites flexibles.

La question n'est pas celle du lien global entre la masse de ce que l'individu va recevoir et ce qu'il a cotisé. Il s'agit plutôt d'un problème incrémental : le problème est de savoir de combien doivent être modifiés les droits à retraite lorsqu'on reporte ou avance sa liquidation, c'est-à-dire de se donner une règle pour connaître la variation du taux de remplacement en fonction de l'âge de départ en retraite choisi.

Dominique Rousset

Je relève donc un sentiment d'imprécision et d'incertitude. N'assiste-t-on pas à des amalgames entre différentes notions ?

Didier Blanchet

Ces malentendus existent en effet et sont malheureusement difficiles à éviter du fait de la technicité du sujet. Pour rester le plus simple possible, je préfère m'en tenir à cette question de la variation du taux de remplacement lorsqu'on modifie son âge de liquidation. Ce que nous dit le principe de neutralité actuarielle, c'est qu'il faudrait que cette variation compense exactement la variation de la durée de service de la retraite et la variation de la masse de cotisations versées qui résulte du décalage de l'âge de la retraite. Numériquement, cela correspond à une augmentation ou un abattement d'environ 5 à 7 % du montant de la retraite par année de report ou d'anticipation : si je reporte d'un an ma retraite, je vais apporter des ressources au système pendant un an de plus, et je vais lui coûter pendant un an de moins. Augmenter ma retraite annuelle de 5 à 7 % est la contrepartie de cela. La notion de neutralité actuarielle qu'il s'agit d'appliquer n'est rien d'autre que cela : si le terme gêne, on peut évidemment en choisir un autre. C'est un débat un peu formel.

En revanche, un débat plus important est de savoir sur quelle plage de choix d'âge de retraite doit être mis en œuvre un tel barème. À la différence de monsieur Chassard, je plaide pour une plage ne descendant pas vers un âge trop précoce du fait d'un risque de comportement « myope » des individus. Ce risque est d'autant plus prégnant qu'on s'achemine vers des politiques d'indexation des retraites qui ne seront pas très généreuses. Un niveau de vie relatif paraissant satisfaisant au départ peut se détériorer du fait de cette sous-indexation par rapport au pouvoir d'achat moyen des actifs, surtout en fin de vie lorsque croissent les besoins liés à la dépendance. La collectivité doit imposer des règles afin d'éviter ce type de dérive. Le danger serait moins fort si une assurance dépendance était mise en œuvre en parallèle. Néanmoins, ceci ne plaide pas en faveur d'une possibilité de départ en retraite très précoce.

Dominique Rousset

Définissez-vous un âge maximal tout comme un âge minimal raisonnable ?

Didier BLANCHET

L'âge maximum est plus sujet à débat et dépend du contexte général du marché du travail. On peut justifier cet âge maximum en disant que les systèmes de retraite sont aussi faits pour organiser un certain renouvellement de la population active. Ce problème est certes complexe : on a constaté en France que ce n'est pas en mettant des gens à la retraite plus tôt qu'on fait nécessairement de la place aux plus jeunes. Mais on peut quand même considérer qu'il est nécessaire de conserver une borne supérieure à la vie active. Il y a notamment le point de vue de l'entreprise. Dans le système actuel, les entreprises peuvent mettre fin unilatéralement au contrat de travail à l'âge où le salarié peut bénéficier du taux plein de sa retraite. Le passage à la retraite flexible rendrait caduque cette référence au taux plein. Du coup, c'est l'âge maximal de liquidation qui deviendrait probablement l'âge de rupture unilatérale du contrat de travail. On imagine mal que les entreprises acceptent que cet âge soit extrêmement élevé.

Dominique ROUSSET

Vous vous souciez également du problème de l'équilibre à long terme du système de retraite.

Didier BLANCHET

Par rapport à ce problème d'équilibrage, l'intérêt de la neutralité actuarielle est d'offrir un système auto régulateur : si les gens partent tard, il y a moins de retraités mieux payés et s'ils partent tôt, l'inverse se produit.

Mais ceci ne signifie pas que la retraite flexible est une solution à nos interrogations sur l'avenir des systèmes de retraite. D'une part, à court terme, un déséquilibre peut résulter de l'ouverture vers le bas de la plage de choix, même s'il n'était que transitoire. Si on commence par un report de départs, le premier effet est de diminuer le nombre de retraités, ce qui est favorable aux finances des caisses, mais si on commence par une anticipation de départs, le premier effet est une augmentation immédiate du nombre de retraites à verser, qui ne sera compensée que très progressivement par la baisse de leur niveau moyen.

D'autre part, à long terme, se pose la question de savoir autour de quel niveau moyen de retraite serait mise en place la règle de neutralité actuarielle. Car dire que la retraite doit augmenter de 5 à 7 % par année de report ne nous dit pas du tout ce que doit être son niveau à l'âge normal de départ. En fait, les barèmes « neutres » qui sont envisageables sont en nombre infini. Il y en a autant que de taux de cotisation d'équilibre possibles à long terme. Avoir résolu le problème de la marge de choix individuel sur l'âge de la retraite ne permet pas d'éluder le débat collectif quant au montant de ces cotisations, c'est-à-dire le débat sur l'effort que la collectivité décide de consacrer aux retraites à long terme.

En se référant aux expériences étrangères, on peut par exemple opposer deux scénarios. Dans le scénario suédois, l'effort collectif futur est bloqué à son taux actuel, donc la flexibilité devient avant tout un moyen de compenser la diminution du taux de remplacement à âge donné, en repoussant individuellement son âge de départ. Dans un scénario de *statu quo* ou de retour aux taux de remplacement à soixante ans de 1993, l'introduction de la flexibilité, en revanche, ne changerait pas l'accroissement du coût du système de retraite sur les quarante prochaines années.

Dominique ROUSSET

Y a-t-il des solutions intermédiaires vous paraissant meilleures ? Même si la transposition est toujours risquée entre systèmes qui ne sont pas forcément comparables.

Didier BLANCHET

La réforme allemande donne un exemple d'une telle situation intermédiaire.

Jean-Baptiste de FOUCAULD

Derrière l'idée de neutralité actuarielle et de choix individuel, lorsqu'on prolonge ce principe jusqu'à l'extrême de la disparition des normes collectives, se profile une vision du rapport à l'autre purement comptable et intéressée. Ce qui fait l'unité d'une société est le lien qui s'établit entre tous, pour le meilleur et pour le pire. En ne considérant le collectif qu'en tant que somme d'unités séparées, on fausse le rapport entre les individus, et on risque de masquer cette réalité : nous dépendons les uns des autres. Chacun doit assurer sa sécurité individuelle, mais nous avons besoin d'une sécurité collective, porteuse de force morale autant que d'efficacité. Il serait intéressant que des philosophes nous expliquent les bases implicites de notre système de valeurs.

Yannick MOREAU

Alain Supiot et Gösta Rehn, qui ont été cités, ont tous deux envisagé la possibilité d'assouplir les modalités de gestion des différents temps sociaux, voire d'anticiper des droits à la retraite. Cette dernière idée consisterait à utiliser des années de droits à pension au cours de la vie active, pour s'occuper de ses enfants par exemple, puis de repousser le départ effectif à la retraite. C'est à un schéma de ce type, appliqué au domaine de la retraite, que se réfère l'idée des « droits de tirage sociaux ». Si la réflexion sur ce thème devait être approfondie, il me paraît clair que des limites seraient à définir.

Dominique ROUSSET

Pour revenir aux propos de Didier Blanchet, la liberté de choix doit être restituée dans un contexte plus général. Elle ne suffit pas à résoudre à elle seule la vaste question de la réforme des retraites. Connaît-on les attentes sociales quant à cette liberté de choix ?

Yannick MOREAU

Nous n'avons qu'une vision floue des attentes sociales en ce domaine. Le thème de la liberté de choix est souvent évoqué, notamment par les hommes politiques. Pourtant, les enquêtes fines sur les aspirations des Français sont rares. La réalité des attentes mérite donc d'être étudiée plus avant.

Je suis pour ma part convaincue de l'existence d'un intérêt pour cette liberté de choix, mais n'oublions pas que l'une des attentes majeures est celle de la sécurité et de la solidité du système de retraite. L'accroissement de l'éventail de choix est une orientation du Conseil d'orientation des retraites, mais certains choix collectifs le précèdent dans l'ordre des priorités.

Dominique ROUSSET

Dans les résultats d'une étude de 2000 menée par le ministère de l'Emploi sur l'opinion des Français quant à l'âge de départ, il est intéressant de relever la différence entre l'âge idéal de départ et l'âge pronostiqué selon la catégorie socioprofessionnelle. En moyenne, l'âge pronostiqué est assez proche de l'âge réel de départ.

Échange avec la salle

Alain PETITJEAN, CFDT, membre du Conseil d'orientation des retraites

Faut-il accepter que des mesures aboutissent à accroître la charge des retraites ? Si on ne le fait pas, on ne peut créer les conditions d'acceptation d'une réforme des retraites. Les sujets à faire évoluer sont à préciser avant de définir les moyens du financement global. Les mesures d'assouplissement proposées doivent apparaître comme porteuses d'une avancée par rapport à la situation présente. Si on ne propose d'assouplissement qu'au-delà de soixante ans, je ne vois pas comment un progrès pourrait être ressenti.

Ma seconde remarque concerne la distinction entre financement individuel et collectif. Parmi les éléments relevant de la solidarité, on peut classer la pénibilité du travail et les difficultés d'accès au premier emploi. Ce qui ressort du financement individuel sont les éléments de souplesse et, éventuellement, la validation d'années d'études.

Jean-Jack MOREAU, économiste

Ma question, très générale, porte sur le financement à moyen ou long terme des retraites et la part relative à laisser à la répartition et à la capitalisation. Cet enjeu est trouble. On ne sait comment la bourse risque d'évoluer pour la capitalisation et la répartition dépend des revenus futurs, égaux au nombre d'actifs multiplié par la production par tête.

Dominique ROUSSET

Attention de ne pas trop s'éloigner de notre sujet qui est aujourd'hui la liberté de choix.

Jean-Jack MOREAU

Le pessimisme n'est pas obligatoire à propos du régime par répartition du fait de l'augmentation de la productivité par tête.

Vlady FERRIER, CGT, membre du Conseil d'orientation des retraites

Les termes du débat ont été très bien posés. Il faut néanmoins prendre garde à ce que les possibilités de choix ne génèrent pas d'inégalités fondamentales entre salariés. En supposant que nous soyons en plein emploi, sans difficulté de maintien des personnels les plus âgés dans les entreprises et en retenant l'hypothèse d'un choix de départ à cinquante-cinq ans, même si, selon moi, la plage de choix ne devrait pas descendre sous soixante ans, en ce cas l'inégalité sévirait. Un salarié auquel sont attribués 80 % du SMIC ne pourrait pas se permettre de partir au même âge qu'un salarié plus aisé. Je partage l'avis de Jean-Baptiste de Foucauld, la liberté de choix ne peut être effective que si est garanti pour tous à un âge donné un niveau de remplacement convenable. Il pourrait y avoir tentation d'échanger une prétendue liberté de choix ne concernant que quelques-uns contre une dégradation générale du niveau des retraites.

Yves CHASSARD

Je vois s'instaurer dans le débat un certain consensus autour d'une version minimale de la liberté de choix, soit en caricaturant : une baisse du taux de remplacement de 6 à 7 % et un gain du même ordre en repoussant son départ de soixante à soixante et un ans. Dans ce cas, le prétexte de la liberté de choix cache une augmentation d'un an de l'âge de la retraite à taux plein. C'est pour éviter cette version bas de gamme que j'ai proposé une plage de cinquante-cinq à soixante-dix ans ouvrant une vraie liberté de choix en y ajoutant une réflexion sur les carrières de seconde partie de vie. Quant à l'objection du risque d'inégalités, je la reçois très nettement.

Yannick MOREAU

La proposition du départ à la retraite avant soixante ans a des vertus extrêmement attractives, mais il faut souligner que nous serions quasiment le seul pays au monde à mettre en place ce dispositif. Une telle proposition peut naturellement être discutée ; on peut, par exemple, chercher à la réserver au cas particulier de personnes ayant eu de très longues durées de carrière ou ayant exercé des travaux pénibles.

Jean-Baptiste de FOUCAULD

Il convient de rappeler que, à réglementation inchangée, si le taux de remplacement est orienté à la baisse, le salaire augmente. En sorte que les retraites s'élèvent en francs constants. On a tendance à dire que les retraites diminuent alors qu'en fait elles augmentent, mais moins vite que les salaires.

Henri STERDYNIAK, économiste à l'OFCE

Je ne comprends pas le projet de ce colloque, trop de détails manquent. Si le projet est de proposer un départ entre soixante et soixante-dix ans en sachant que, pour obtenir une pension équivalente à ce qui est perçu aujourd'hui, on devrait travailler jusqu'à soixante-sept ans, on se demande où est la liberté. On peut craindre que cette liberté cache une diminution massive du montant des retraites. Je n'ai pas compris comment vous résolvez le fait que les gens ne choisissent pas de partir à la retraite mais y sont forcés à cause du chômage. Que faire des chômeurs de cinquante-sept ans si demain l'âge de départ à taux plein est à soixante-sept ans ? Que faire des salariés âgés que l'entreprise ne souhaite pas conserver, jugeant trop faible leur productivité, si l'âge de départ est encore repoussé ?

Yannick MOREAU

Toute une partie de ces questions sera évoquée dans la seconde partie de la matinée. Ce colloque n'a pas pour objet de délivrer un message ou une solution mais de débattre ensemble et d'enrichir la réflexion du Conseil d'orientation des retraites, qui se ressaisira du sujet avant de préciser des orientations. Malgré toutes les justes objections, une demande de liberté de choix existe et il nous faut y répondre.

Jean-Charles WILLARD, responsable technique des régimes complémentaires AGIRC et ARRCO

Cette réflexion sur la flexibilité permet-elle de faire l'économie du débat trivial sur l'âge de départ à taux plein et la durée de cotisation ? Une norme sociale d'âge convenable doit être reconnue. En termes techniques, il s'agit de l'âge pivot.

Didier BLANCHET

Le vrai débat est celui du taux de cotisation global et de l'effort national. On n'élude pas ce débat avec les scénarios de flexibilité. La seule forme de flexibilisation qui permettrait de se passer de ce débat serait la liberté totale en capitalisation pure, qui est le seul système qui permettrait de choisir à la fois son taux d'effort individuel, son âge de départ et le niveau de sa rente, mais avec bien d'autres inconvénients ; je pense qu'il y aura peu de défenseurs de cette solution à cette table ou dans la salle. Sinon, pour réagir à la question précédente, je ne suis pas venu ici avec un plan général de réforme des retraites puisque la problématique retenue est plus limitée. Je suis sensible au fait de distinguer les départs anticipés librement choisis de ceux qui sont subis. Je pense que des systèmes de préretraite doivent être conservés ; ils doivent prendre en charge l'exclusion précoce du marché du travail. Mais cette nécessité n'est pas une objection à la flexibilité puisqu'elle se pose déjà dans le système actuel.

Yves CHASSARD

Je pense qu'on peut éviter le débat sur l'âge pivot avec un système flexible mais on ne peut éviter celui du taux de remplacement, même si on peut considérer qu'il s'agit des deux faces d'une seule médaille. Il n'y a pas d'âge pivot dans les systèmes italien ou suédois.

Jean-Claude GUERY, directeur des affaires sociales de l'association française des banques

Quel pourrait être le rôle des fonds de pension dans ce système de flexibilité ? C'est un élément extérieur aux régimes obligatoires qui peut jouer.

Didier BLANCHET

Je ne suis pas hostile à ce que la capitalisation joue un rôle marginal. Pour ceux qui peuvent se le permettre, cela ajoute un degré de liberté supplémentaire.

Suzy ADELL, syndicat national unifié des impôts

La vraie question est celle du taux de remplacement. S'il est trop bas, le départ anticipé est limité à quelques-uns. S'y ajoute la pénibilité du travail. Le terme « solidarité » trouve ici sa place, il doit s'appliquer pleinement aux choix individuels.

Didier BLANCHET

Les 5 à 6 % de plus ou de moins selon qu'on avance ou retarde son départ définissent la pente du barème, mais on peut imaginer que le niveau du taux de remplacement à un âge donné sera modulé selon la catégorie sociale et la pénibilité du travail.

Jean BOURRÉE, Union française des retraités

Le choix ne peut s'inscrire que dans un plan de vie. Un tel plan ne peut se préparer qu'en connaissant ses droits. Si nos droits sont bouleversés par chaque réforme, il n'y a plus d'anticipation possible, donc plus de choix.

Yves CHASSARD

En vous entendant, je pense que vous rendez les réformes difficiles ! Les réformes sont inévitables.

Jean-Pierre GAUTHIER, consultant, spécialiste de la gestion du temps

Si on recherche des idées nouvelles, pourquoi ne pas abandonner l'idée faisant consensus qu'on doit forcément gagner moins en partant plus tôt et gagner plus en partant plus tard ? On pourrait imaginer des systèmes permettant de travailler plus longtemps à ceux qui en ont envie, leur motivation n'étant pas de gagner plus. Avant l'âge pivot, certains pourraient ne plus avoir envie de travailler, quel que soit le taux de remplacement. Pourquoi s'accrocher absolument à ce taux de remplacement ? On pourrait décider qu'entre cinquante-cinq et soixante ans tous les Français ont droit à deux fois le SMIC, quel que soit leur ancien salaire. Notre système maintient les gens défavorisés et les gens aisés dans leurs états respectifs, j'estime que ceci est injustifié.

Dominique ROUSSET

Existe-t-il un moyen de faire autrement ?

Yannick MOREAU

Je ne suis pas sûre d'avoir compris la question. Un choix a été fait en France en faveur de la proportionnalité des retraites aux salaires. Le système n'est pas d'abord fait pour corriger les inégalités de revenus, même s'il intègre une part de solidarité (validation de périodes de chômage et de maladie, avantages familiaux, existence de minima de pension dans la plupart des régimes de base, etc.).

Intervenant dans la salle

Je souhaite revenir sur la vision d'ensemble de Jean-Baptiste de Foucauld disant que l'arbitrage entre temps libre et temps de travail sur l'ensemble de la vie est un droit de l'homme. Vous n'abordez pas le sujet des droits propres et des droits dérivés. En Europe, on laisse le libre choix à la femme et au couple de la participation de celle-ci au marché du travail. Dans cette discussion large, ne faudrait-il pas discuter cette liberté de choix ? Dans une perspective de meilleur taux d'emploi et de pérennité du système de retraite, faut-il appliquer des encouragements et des pénalités à ce choix ?

Yannick MOREAU

Nous n'avons pas omis cette réflexion même si elle n'apparaît pas dans le premier rapport du Conseil d'orientation des retraites. La question des avantages familiaux et des retraites est importante pour l'avenir du système. Cette question est fort pertinente mais trop large pour que l'on y réponde hâtivement ; elle mériterait en elle-même un colloque.

Intervenant dans la salle

Pensez-vous que ce principe de choix individuel soit possible dans le contexte de mondialisation et si oui à quelles conditions essentielles ?

Yves CHASSARD

La réponse est oui. Même au sein de l'Europe, chaque État est responsable de son système de protection sociale, ce qui vaut pour le système de retraite. Ceci engage des choix démocratiques qui sont effectués jusqu'à présent pays par pays.

Marcel BERTHELOT, retraité, ancien militant CFDT

Monsieur Blanchet a évoqué la faiblesse de la revalorisation annuelle des retraites par rapport à l'évolution du salaire moyen. Comment faire pour que cette revalorisation soit juste ? J'ai pris ma retraite en 1991 après quarante-cinq ans de travail. Mon épouse a pris sa retraite en 1995 alors que lui manquaient deux trimestres de cotisation. Ma retraite est maintenant inférieure à la sienne de 10 %. Comment cela se fait-il ?

Yves CHASSARD

Je passe ! C'est une question trop sensible...

Yannick MOREAU

Selon le mode d'indexation que nous allons choisir, le surplus de richesse nationale à consacrer aux retraites en 2040 sera de plus 4 ou plus 6,5 points de PIB. Ceci implique de faire des choix en matière de financement : nous devons déterminer ce que nous sommes prêts à payer. Sommes-nous prêts à travailler plus longtemps pour une bonne indexation ? Même si nous effectuons nos choix dans un cadre national, nous évoluons dans un contexte de grande concurrence et cela interfère avec les marges de choix.

Dominique Rousset clôt la première partie du colloque.

Des marges de choix individuels : à quelles conditions sur le marché du travail et dans les régimes de retraite ?

Participaient à ce deuxième débat :

Jean-Marc BOULANGER, inspecteur général des Affaires sociales,
Annie JOLIVET, économiste, chercheuse à l'Institut de recherches économiques et sociales,
Jean PICOT, directeur général honoraire de l'Association des régimes de retraites complémentaires.

Le débat était animé par Dominique ROUSSET.

Le système actuel : un curieux mélange de liberté de principe et de contraintes dans les faits

Jean PICOT

En matière d'âge de la retraite, le système français est un curieux mélange de liberté affichée dans les textes et de contraintes imposées dans les faits.

Dans le secteur privé, la liberté de choisir le moment de sa retraite est implicite dès 1946 dans le code de la sécurité sociale, sous deux réserves : le caractère dissuasif des coefficients d'abattement avant soixante-cinq ans, l'absence de droits supplémentaires au-delà d'une certaine durée de cotisation. Par contraste, dans le secteur public, la notion de limite d'âge selon la fonction est toujours présente.

Cette liberté de principe n'a été altérée ni par la réforme de 1982 qui rendait plus faciles les départs à partir de soixante ans, sans pour autant les rendre obligatoires, ni par celle de 1993 qui, en durcissant les conditions de durée d'assurance pour obtenir des « droits pleins », ne créait aucune obligation de départ à cette échéance.

La loi de 1987 a innové dans ce domaine. Elle a un double effet :
– l'un dans un sens libéral, en déclarant « nulle ou de nul effet toute disposition d'une convention collective ou toute clause d'un contrat de travail prévoyant une rupture de plein droit du contrat de travail d'un salarié en raison de son âge ou du fait qu'il serait en droit de bénéficier d'une pension de vieillesse » ;

– l'autre dans un sens restrictif, en donnant à l'employeur « la possibilité de rompre le contrat de travail d'un salarié qui peut bénéficier d'une pension de vieillesse à taux plein ».

La notion de retraite à taux plein devient donc un motif légitime de prise de retraite. Ainsi, la plupart des mécanismes de préretraite, intervenant bien avant soixante ans, ont adopté cette même référence puisque les bénéficiaires de ces mesures (si l'on peut les nommer tels) basculent automatiquement vers la retraite dès qu'ils atteignent ces fameux droits pleins.

La pratique s'est dont progressivement installée dans les faits, et l'idée insinuée dans les esprits, que l'âge auquel chacun obtient la totalité de ses droits auprès du régime général devient l'âge « normal » de la retraite. Notion au demeurant contestable, puisque les droits à retraite continueraient d'augmenter auprès des régimes complémentaires si l'intéressé avait la possibilité de poursuivre son activité.

En définitive, nous avons bâti un régime où l'âge de la retraite est plus « flottant » que « flexible » et qui présente la caractéristique d'être rarement choisi par l'intéressé.

Qu'en est-il de la réalité observée ? Dans le secteur privé, 70 % des départs en retraite ont lieu à soixante ans et guère plus de 10 % à soixante-cinq ans ; mais seulement 50 % des femmes partent à soixante ans et 30 % à soixante-cinq ans. Nous avons un âge de la retraite flottant entre soixante et soixante-cinq ans.

Je souhaite compléter ce tableau par une information, certes fragmentaire, mais significative de l'ébranlement qu'a subi la société française ces trente dernières années. Les récentes statistiques publiées par l'AGIRC font apparaître, pour la population des cadres, un âge de liquidation moyen de soixante et un ans et trois mois en 2001, conforme à la moyenne générale. En 1972, on observait encore un âge moyen de soixante-cinq ans et onze mois. Les cadres ont été balayés comme les autres par les licenciements et mises à la retraite précoces.

Qu'avons-nous fait pour en arriver là, pour laisser de telles charges aux jeunes générations ?

La faisabilité des assouplissements dans les régimes privés

Dominique Rousset

Comment organiser pratiquement la liberté de choix ? Partagez-vous des idées émises ce matin ?

Jean PICOT

Des adaptations délimitées sont possibles

Je partage l'idée de réviser tous les mécanismes bloquants provoquant des cessations d'activité précoces ou des âges de départ imposés. Je ne pense pas pour autant qu'il faille bâtir un nouveau système et surtout qu'on puisse le faire, ceci du fait des réticences du corps social, tant les régimes de retraite sont le fruit d'une histoire et même d'une culture.

Il convient d'examiner si les diverses formes d'assouplissement évoquées peuvent être introduites dans les systèmes que nous connaissons. Je suis assez optimiste sur ce point. La plupart des régimes de retraite sont dotés de systèmes d'information performants. L'ARRCO, qui était le plus complexe, a évolué vers un règlement unique. Tous les régimes peuvent s'appuyer sur l'excellence du système informatique de la CNAV qui a progressé en matière d'individualisation et d'identification. Ceci est fondamental pour gérer des cumuls emploi-retraite et, plus largement, des trajectoires individuelles dans un système collectif. Ces régimes sont capables d'adopter des normes identiques et de se coordonner, ce qui n'était pas le cas il y a dix ans.

Les entraves

Le premier des deux principaux écueils est d'ordre financier. Tout assouplissement risquerait d'être immédiatement capté pour permettre des départs encore plus précoces, c'est pourquoi je suis réservé quant à un traitement indifférencié de la tranche d'âge de cinquante-cinq à soixante-cinq ans. Les effets seraient négatifs pour les finances et pour les individus partant avec des retraites trop faibles.

Le second écueil serait le coût immédiat supplémentaire, même si la situation peut se stabiliser au fil du temps, ce d'autant plus facilement que les comportements évolueraient.

La raréfaction annoncée de la main-d'œuvre aidera-t-elle à redécouvrir la valeur d'expérience des salariés âgés ? Ce n'est pas uniquement en agissant sur les paramètres de la retraite qu'on remontera les taux d'activité dans la tranche des soixante à soixante-cinq ans.

Dominique ROUSSET

Dans la perspective de l'amélioration du taux d'activité des seniors, comment mettre à contribution l'épargne-temps ?

Jean PICOT

L'épargne-temps est un de ces paramètres de souplesse évoqués. Dans son état actuel, son effet serait plutôt contraire car les bénéficiaires de ces comptes pourraient anticiper leur cessation d'activité. Ce concept pourrait cependant être mobilisé afin de prolonger la période d'activité en développant le temps partiel complété par ces ressources. Ceci suppose néanmoins de geler une épargne à moyen et long terme alors qu'une entreprise peut avoir une vie précaire. Ces salaires différés devraient être confiés à des organes extérieurs du type régimes de prévoyance et non laissés dans les comptes de l'entreprise. C'est ce que je ferais pour moi-même.

Dominique ROUSSET

C'est un conseil que nous avons alors intérêt à suivre !

Yannick MOREAU

Que pensez-vous du rachat de cotisations ?

Jean PICOT

La réponse me paraît différente suivant qu'il s'agit de corriger des accidents de carrière ou de compléter, au gré de chacun, des droits normalement acquis par le travail.

Dans le premier cas, une solution (qui existe déjà pour une large part) devrait être recherchée auprès des régimes sociaux eux-mêmes.

Dans le second, au contraire, nous sommes en présence de choix individuels pouvant s'adresser à différents acteurs, sous la condition que la sécurité des engagements soit garantie autant qu'il est possible.

Jean-Marc BOULANGER, inspecteur général des Affaires sociales

Ce qui paie les retraites est l'activité productive effective, quel que soit le mécanisme.

Les modalités de reprise d'une activité professionnelle une fois en retraite

Dominique ROUSSET

Jean-Marc Boulanger, vous souhaitez dissiper certaines imprécisions quant aux modalités de reprise d'une activité professionnelle une fois en retraite.

Jean-Marc BOULANGER

Je ne suis pas professionnel des questions de retraite, mais le Conseil d'orientation des retraites m'a demandé de travailler sur la question du cumul. Deux questions ont orienté ma réflexion : Faut-il encourager le cumul d'un emploi et d'une retraite ? Faut-il encourager le passage progressif de la pleine activité à la retraite totale ?

Le manque de clarté des textes

Depuis 1983, la règle est de quitter définitivement son activité professionnelle au moment de la liquidation de la retraite. Le corollaire de cette règle est la possibilité de reprendre ailleurs une autre activité dont le revenu est cumulable avec la retraite de base. Cependant, les régimes complémentaires ne fonctionnent pas sur ce modèle. Ces derniers posent que le montant des ressources perçu grâce à la nouvelle activité ne doit pas dépasser la différence entre le dernier salaire et la pension ; au-delà de cette limite, le versement de la retraite complémentaire est suspendu.

Un système injuste

Ce sont les retraités les plus modestes du régime général qui sont les plus bridés. En effet, le montant du différentiel cumulable est particulièrement faible pour un retraité ayant travaillé toute sa vie au SMIC (environ 3 800 euros par an). Ceci est d'autant plus injuste qu'en changeant de filière il n'y a plus du tout de limite. En effet, en passant dans le régime général, il est possible pour un retraité d'un autre régime de gagner autant que dans son précédent emploi. Ce système est efficace s'il s'agit d'empêcher les retraités de travailler : seuls 3 % cumulent, dont deux cent mille personnes au-delà de soixante ans. Le revenu moyen issu du cumul est de 580 euros par mois et le revenu médian est de 200 euros.

Un système peu efficace

Le système est efficace d'un point de vue malthusien mais non pour favoriser le travail des jeunes. Depuis trente ans, le taux d'emploi des plus de cinquante-cinq ans et des quinze à vingt-cinq ans a diminué régulièrement de façon parallèle. Le passage de l'âge de la retraite à taux plein à soixante ans n'a eu aucun effet sur le taux d'emploi des jeunes. Le taux d'emploi des plus de cinquante-cinq ans est pourtant un enjeu de taille et, marginalement, certains besoins de l'économie pourraient être ainsi comblés si l'accès à l'emploi, à un autre emploi cumulable avec la retraite, était plus librement ouvert aux retraités.

Dominique Rousset

Si on finit par dire aux retraités qu'ils ont le droit de travailler, leur en donnera-t-on les moyens ?

Jean-Marc Boulanger

Un des objectifs communs à viser à long terme est celui d'une société aux taux d'emploi plus élevés. Si on peut avoir des difficultés à l'envisager au-delà des échéances de court terme, cet objectif n'en est pas moins essentiel, surtout pour les retraites. Les travaux du Conseil d'orientation des retraites sont conçus autour d'un scénario central de chômage à 4,5 %. L'activité des seniors, avant la retraite bien sûr, mais aussi après, est une façon de concourir à satisfaire cet objectif. Il me semble que la règle de la rupture n'a pas besoin d'être modifiée maintenant. Par contre, je crois très sincèrement qu'il serait judicieux de libérer complètement la possibilité de reprendre une activité ailleurs. Les textes devraient évoluer pour permettre le cumul.

Si on permet aux retraités de travailler, il est évident qu'on ne doit pas les y obliger. La question centrale est le niveau de ressources octroyé par la retraite, la sécurité est indispensable même si ce niveau varie légèrement. En ce cas, les retraités reprendront une activité s'ils en ont envie et si le marché a besoin d'eux, et non parce qu'ils y seraient contraints.

Dominique ROUSSET

Le Conseil d'orientation des retraites s'est-il penché sur cette imprécision des textes ?

Yannick MOREAU

Nous avons demandé ce travail à monsieur Boulanger car nous savons ne pas être au bout de cet effort. Il est important de savoir que la moitié de l'opinion est opposée à un assouplissement du cumul par crainte de l'effet sur le travail des jeunes. Le cas des salariés a été évoqué mais, pour d'autres, les contraintes sont encore plus fortes. Les artisans ne peuvent cumuler qu'à condition de ne pas être dans leur branche professionnelle. Un menuisier peut continuer à travailler en devenant plombier ! Dans les faits, on constate que les retraités exploitants agricoles, et ils ne sont pas les seuls, continuent néanmoins à travailler, à « donner des coups de mains ». C'est un système hypocrite. Dans les régimes complémentaires, on m'a affirmé que cela n'était pas contrôlé : dans ce cas pourquoi conserver la règle ? Cet aspect doit être revisité avec la prudence imposée par le chômage élevé et l'état de l'opinion, et en sachant que les situations diffèrent selon chaque catégorie.

Jean-Marc BOULANGER

Chacun des textes qui régissent la question est clair en lui-même, mais ces textes sont divers et leur sens combiné est obscur, de sorte que le retraité ne peut pas avoir une vision claire de l'incitation que lui donne la collectivité.

S'agissant du passage de la pleine activité à la retraite, je suis convaincu par les arguments développés par Dominique Taddei il y a quelques années : le passage progressif à la retraite doit être encouragé mais il ne peut y avoir d'injonctions contradictoires. Les engagements de Stockholm visent 50 % de taux d'emploi en Europe pour les cinquante-cinq à soixante-quatre ans à l'horizon de 2010. En 2001, nous sommes à 36,5 % en France. La retraite progressive est presque nulle et la préretraite progressive regroupe 40 000 personnes. La préretraite représente 150 000 personnes et, en y ajoutant les dispenses de recherche d'emploi, on atteint 500 000 personnes inactives en attente d'une retraite.

Encourager le passage progressif à la retraite passe donc principalement par le développement de la retraite progressive. Il est indispensable pour cela que le passage par la retraite progressive présente un intérêt matériel pour le retraité, ce qui n'est pas le cas aujourd'hui.

Il faut, simultanément, créer les conditions d'un recul massif de la préretraite sous toutes ses formes.

Jean PICOT

Je suis moins négatif sur les solutions pratiques apportées au cumul emploi-retraite. Les solutions trouvées à l'ARRCO et à l'AGIRC semblent donner satisfaction. La fraude de déclaration n'est pas si facile car les pénalités sont lourdes. L'hiatus se situe au niveau d'une reprise d'activité non salariée permettant une liberté complète.

Jean-Marc BOULANGER

Le système n'est pas clair et peu cohérent. L'arbitrage s'effectue par le travail non déclaré, tout le monde y perd. Des règles plus ouvertes favoriseraient la clarté.

Dominique ROUSSET

Nous allons continuer avec Annie Jolivet, de l'Institut de recherches économiques et sociales (IRES) qui a rédigé avec Pascal Charpentier un rapport intitulé *Préretraites progressives et gestion prévisionnelle de l'emploi*.

La situation des seniors sur le marché du travail et le temps partiel en fin de carrière

Annie JOLIVET

Le rapport que vous évoquez est une évaluation de la préretraite progressive réalisée pour la direction générale de l'Emploi et de la Formation professionnelle. Les résultats m'amènent à avoir un point de vue plutôt positif sur le temps partiel en fin de carrière. Avant d'aborder cette question, je souhaiterais faire un point rapide sur la situation des travailleurs âgés sur le marché du travail.

Relever le taux d'emploi des cinquante-cinq à soixante-quatre ans

Mieux vaut évoquer le taux d'emploi que le taux d'activité. Certains pays ont freiné les préretraites, avec pour conséquence l'accroissement du nombre de chômeurs âgés. Il existe en effet des compensations entre voies de sortie anticipée. L'effort de relèvement du taux d'emploi ne doit pas s'accompagner d'une mise à la retraite forcée de gens se retrouvant au chômage, ni d'une détérioration de leur situation. C'est pourquoi, les filets de sécurité en place doivent être maintenus. Il a été dit que le taux d'emploi en France est très mauvais. Ce n'est pas une spécificité française : c'est aussi le cas en Belgique, en Autriche et en Italie, les Pays-Bas et la Finlande étant les seuls à l'avoir relevé en partant d'une situation aussi faible. L'engagement pris lors du Conseil européen de Stockholm (mars 2001) prévoit un taux d'emploi moyen de 50 % pour les cinquante-cinq à soixante-quatre ans d'ici 2010, mais cela ne force pas la France à atteindre ce niveau, seulement à faire progresser son taux de manière satisfaisante.

Le rôle de la demande et les anticipations

Concernant le travail des actifs âgés, si l'offre a été largement évoquée, il ne faut pas oublier le rôle de la demande d'emploi issue des entreprises et du secteur public. Les systèmes de retraite doivent participer à la modification des comportements et des anticipations. Il est impossible d'échapper aux réformes successives, mais la moindre des choses est de prévenir suffisamment longtemps à l'avance les individus afin de leur permettre d'adapter leurs anticipations. Ouvrir une possibilité réelle de rester jusqu'à soixante-cinq ans, voire au-delà, permettrait de modifier les anticipations des individus et des employeurs quant à l'âge de cessation d'activité.

L'activité rémunérée au-delà de la retraite à taux plein doit être favorisée

Il relève de l'intérêt commun d'accroître les ressources des systèmes de retraite et de revaloriser l'image du salarié âgé. Certaines personnes voudraient prolonger leur vie active mais n'osent pas le faire par crainte de prendre la place d'un jeune et du déclassement qui accompagne souvent la poursuite du travail. Des possibilités peuvent être ouvertes dans diverses directions et les entreprises elles aussi auront à modifier leurs anticipations. Yves Chassard rappelait que, dans les pays permettant aux actifs âgés de travailler, il n'y a pas d'état d'âme sur ce sujet. Notre perception collective peut s'adapter, d'autant plus que ce refus de la poursuite d'activité est essentiellement issu de facteurs conjoncturels, en premier lieu l'existence d'un chômage fort, plus que d'aspirations profondes.

Dominique Rousset

Les sociologues ont souligné que les personnes âgées ne sont pas valorisées dans le monde du travail.

Annie JOLIVET

Je ne suis pas la mieux placée pour évoquer des analyses sociologiques. Il est vrai qu'existe un processus collectif de dévalorisation. Nous connaissons un blocage. Des questions se posent en matière de gestion des âges mais les entreprises ne savent pas quel comportement adopter. L'évolution de nos représentations individuelles et collectives pourrait contribuer à une amélioration de la situation des travailleurs âgés.

Yannick MOREAU

Ce sujet est fondamental. La liberté de choix est un leurre si personne ne veut faire travailler les actifs âgés. Nos représentations mentales sont effectivement en cause. Le Conseil d'orientation des retraites a insisté sur ce point lors de son premier colloque. Après une perte d'emploi à cinquante ans, la difficulté d'en retrouver un est considérable. La liberté de choix ne peut être uniquement considérée selon les paramètres de la sécurité sociale.

Dominique ROUSSET

Annie Jolivet, pouvez-vous apporter plus de détails sur la situation actuelle et aborder la question des options de financement de la réduction du temps de travail en fin de carrière ?

La situation actuelle des actifs âgés

Annie JOLIVET

À partir de cinquante ans, certains actifs restent parfois dans l'emploi dans des conditions difficiles, subissant notamment diverses formes de « mise au placard ». Une fraction d'entre eux est orientée vers des préretraites, avec de nettes différences entre les préretraites publiques et les préretraites d'entreprise, qui se traduisent souvent par une cessation très précoce de l'activité. Aujourd'hui, les préretraites reculent, principalement les préretraites publiques de type ASFNE. En avril 2002, le premier type de préretraites est l'ARPE qui est néanmoins en chute libre depuis le début de l'année. Les ASFNE sont en deuxième position, suivies de près par les préretraites progressives qui devraient devenir la première forme de préretraite publique. L'autre voie de sortie d'activité est le chômage. Elle est majoritaire mais largement masquée par les dispenses de recherche d'emploi à partir de cinquante-sept ans et demi, cinquante-cinq ans pour les chômeurs de longue durée. La disparition statistique des chômeurs de plus de cinquante-sept ans ne signifie pas qu'ils ne souhaitent pas retravailler. Retrouver un emploi est particulièrement difficile, les services de retour à l'emploi ne les soutenant pas vraiment dans la voie de la recherche, et le problème est posé de l'intérêt financier à la reprise d'une activité, dans le cas des préretraites en particulier.

Dominique ROUSSET

Une étude de l'OCDE traitait de cette population et les nommait les « découragés ».

Annie JOLIVET

Les découragés disparaissent à tout âge des statistiques du chômage. Les dispenses de recherche d'emploi sont spécifiques aux chômeurs âgés et permettent d'interrompre la diminution des prestations de chômage.

Jean-Marc BOULANGER

La tendance à dix ans est bien d'agir afin de limiter la cessation d'activité des plus de cinquante-cinq ans. Cela implique un dégonflement, progressif mais massif, du volume des préretraites, ASFNE, CATS, ARPE, filière 8 de l'assurance chômage (qui concerne les plus de cinquante-cinq ans), dispensés de recherche d'emploi. Ce reflux ne se décrète pas. Il doit s'organiser dans le cadre d'une approche structurée autour d'un diagnostic partagé associant les pouvoirs publics et les partenaires sociaux et débouchant sur un mouvement coordonné de resserrement des dispositifs de préretraite, statutaires ou de fait.

Paradoxalement, je crois que cette résorption des préretraites implique le maintien d'un dispositif d'ASFNE permettant de répondre aux situations de crise associées aux restructurations les plus lourdes.

Le temps partiel en fin de carrière

Dominique ROUSSET

Dans votre étude, quelles sont les personnes concernées par les préretraites progressives ?

Annie JOLIVET

Il y a plus d'ouvriers et d'employés que de cadres, pour lesquels les règles de compensation de la perte de revenu sont nettement moins avantageuses. Les motifs de passage à la préretraite sont variés. Certains, surtout des femmes, le font afin d'adapter leur temps libre à celui de leur conjoint déjà en retraite, ou encore pour assumer la charge d'un ascendant. D'autres ont connu des problèmes de santé ne donnant pas lieu à des procédures d'invalidité mais poussant à ralentir le rythme. D'autres encore sont fatigués par leur travail, c'est particulièrement le cas des personnes ayant des conditions de travail pénibles. Quant à ceux qui n'adhèrent pas à ce dispositif, il s'agit souvent de personnes ayant des revenus assez bas, pour lesquelles la compensation financière n'est pas suffisante. Ce sont aussi parfois des femmes aux carrières trop courtes qui doivent prolonger leur activité jusqu'à soixante-cinq ans. Il y a enfin des gens qui n'ont pas envie de passer à temps partiel.

Dominique ROUSSET

Des variations apparaissent sans doute selon la taille des entreprises ?

Annie JOLIVET

Des PME utilisent la préretraite progressive. En ce qui concerne les inégalités, il est exact que les actifs les plus aisés pourront se permettre de partir plus tôt alors que leurs conditions de travail ne sont pas toujours les plus pénibles. Cela conforte mon opinion de ne pas ouvrir à la baisse la marge de choix sauf en cas de conditions de travail pénibles, le cas des travailleurs de l'amiante faisant référence. À l'inverse, la réduction du temps de travail pourrait être favorisée un peu avant soixante ans. Des raisons de santé ne sont pas indispensables à avancer pour ouvrir cette légère marge de choix.

La palette des financements envisageables est large. Les comptes épargne-temps permettent un financement par l'individu, l'employeur pouvant éventuellement accroître le temps épargné par l'individu. Des financements par l'entreprise sont possibles. C'est le cas aux Pays-Bas avec des accords par branche sur la réduction du temps de travail. Par ailleurs, la loi sur l'ajustement du temps de travail adoptée en 2000 aux Pays-Bas ouvre la réduction du temps de travail à tous et permet également de revenir en arrière après avoir travaillé à temps partiel. Un troisième moyen est une pension de retraite partielle, qui existe par exemple en Autriche, Finlande et Norvège et finance la réduction du temps de travail avant l'âge de la retraite. Ceci pourrait s'appliquer à ceux qui ont atteint une longue durée de cotisation. Le dernier moyen est le financement public. Les préretraites progressives sont financées par le Fonds national de l'emploi. Certaines situations n'imposent pas un financement public, des accords d'entreprise pouvant prendre le relais. Les petites entreprises sont désavantagées en matière de compte épargne-temps, les plans sociaux y sont inconnus et les dispositifs de préretraite d'entreprise inexistants. Ce sont les grandes entreprises qui font partir le plus tôt leurs salariés. Un financement public de temps partiel en fin de carrière pourrait alors compenser partiellement cette inégalité entre grandes et petites entreprises.

Échange avec la salle

Lionel Povert, professeur des écoles, militant associatif et syndical

Je suis membre de l'association « Collectif PACS, et caetera » à l'origine du projet et de la promulgation du PACS. Pour résumer les discussions, nous souhaitons maintenir un système de répartition en le modifiant, en vue de maintenir la solidarité et réduire les inégalités. Je suis porteur des interrogations et besoins de couples n'étant pas conjoints et parfois étrangers. Je m'adresse particulièrement à monsieur Picot qui est représentatif du régime ARRCO. Ne peut-on envisager le rachat de cotisations en pensant aux femmes ne travaillant pas depuis assez longtemps ainsi qu'aux résidents étrangers ayant été sans papiers durant un certain temps ? Peut-on envisager un système de « surcotisation » ? Concernant le système public, le système de retraite complémentaire Préfon n'est pas ouvert aux concubins et couples liés par le PACS sur le plan de l'affiliation. Qu'en est-il dans les autres systèmes ?

Jean Picot

Je ne m'exprime qu'en mon nom personnel, et bien entendu nullement pour le compte de l'ARRCO ou des partenaires sociaux. Votre proposition est pertinente. Vous soulignez de vraies carences. Faut-il chercher la réponse dans nos systèmes collectifs qui pourraient techniquement s'y prêter ? Les cotisations devraient être reçues dans une section spéciale totalement provisionnée du fait de l'incertitude quant au renouvellement de cette population. Le rachat de droits supplémentaires pourrait aussi trouver sa place dans le « troisième étage » de la retraite. La demande est fondée mais je suis hésitant quant au lieu où elle doit trouver réponse.

Pascal Terrasse, député, membre du Conseil d'orientation des retraites

Le diagnostic posé ici est bon mais, le moment venu, des réponses seront indispensables. Notre réflexion présente est à connecter avec d'autres sujets. Notre taux d'emploi des actifs âgés est l'un des plus faibles d'Europe, mais il en va de même pour les plus jeunes. La formation tout au long de la vie s'inscrit pleinement dans notre sujet.

Être retraité ne signifie pas être inutile. L'utilité sociale des retraités est remarquable ; ils sont dans les conseils municipaux, les grandes associations et syndicats. La réflexion de Maurice Bonnet au sein du Conseil économique et social souligne cette place des retraités. Ce rapport innovant devra être pris en considération.

Yannick MOREAU

Je suis entièrement d'accord. Nos orientations sont à préciser même si notre rôle n'est pas de livrer des réformes « clés en main » au gouvernement.

Luc JOUVENOT, président d'une caisse de retraite AGIRC

Je crains une confiscation des moyens indispensables à l'exercice du choix. Notre système de répartition consiste à répartir la production des actifs pour la consommation des retraités. Pourtant, le débat actuel est purement démographique et malthusien sans prise en compte de la productivité. Je constate une confiscation des gains de productivité, notre intérêt et notre devoir est de nous y opposer.

Laurent LEPEZ, ESCP assurance

La diminution des charges sociales de l'employeur pourrait participer au maintien de l'emploi des cadres de plus de cinquante-cinq ans. Ces charges s'élèvent à 60 % mais quand une personne ne travaille plus, cela tombe à zéro. Il doit y avoir un équilibre macroéconomique satisfaisant à définir.

Roland BEC, consultant

Le compte épargne-temps créé en 1994 a déjà connu plusieurs réformes sans pour autant me paraître abouti. Je constate deux écueils à l'usage du compte épargne-temps dans les entreprises.
– La rupture du contrat de travail conduit à sa liquidation.
– Auprès du régime de base on acquiert des droits en fonction du temps ; en cas de liquidation sous forme monétaire, ce dispositif sera inopérant pour maintenir le lien social.

Jean PICOT

Le terme « malthusien » mentionné précédemment m'est apparu injustement provocateur. Chercher à conserver dans la vie active les plus âgés est le contraire du malthusianisme. C'est partir de l'idée qu'il y a de la place pour tous dans la sphère productive. Les progrès de productivité sont effectivement source d'optimisme. Toutefois, la productivité ne peut servir à tout à la fois. On ne peut diriger la totalité de ses gains vers les retraites sans léser ceux qui sont en activité.

Jean-Baptiste de FOUCAULD

Je m'exprime ici en tant que militant associatif de « Solidarités nouvelles face au chômage ». Le chômage n'est pas une fatalité quand des acteurs sociaux sont prêts à s'engager. Les emplois non marchands ont relevé le taux d'activité en France avec les contrats emploi consolidé, les emplois jeunes et les contrats emploi solidarité. Ce volume d'emplois non marchands mérite d'être maintenu, alors qu'il est contesté aujourd'hui. Le débat sur les liaisons entre le coût du travail et l'emploi est complexe mais indispensable. Les pays ayant progressé sur l'emploi et les retraites, l'un n'allant pas sans l'autre, sont parvenus à des consensus sur les formes de liens adéquats. La « vérité » n'est pas la même, en économie, selon qu'on se place à long terme où le coût du travail peut être augmenté, ou à court terme où il faut être plus prudent. Au niveau macroéconomique, la hausse des salaires est plutôt favorable à la croissance, alors qu'au niveau microéconomique elle entraîne le rejet des personnes à faible productivité. Durée de cotisation, montant de cotisation et taux de remplacement sont les trois paramètres à manipuler afin d'assurer la pérennité des retraites. Le vrai problème est de déterminer dans quel ordre ces trois paramètres seront utilisés. Si de la confiance est créée autour d'un diagnostic commun, nous avancerons.

Alain MARTINI, directeur de caisse de retraite

Les retraités sont en nombre croissant. Ce sont des consommateurs de biens et de services. Qui mieux que les salariés vieillissants pourrait analyser les besoins de cette population et les satisfaire ?

Sylvain DENIS, membre de la Fédération nationale des associations de retraités

Je fais partie des 150 000 « bénéficiaires » de l'ASFNE. Je ressens de l'amertume en entendant évoquer le choix de cessation de travail. On m'a dit que j'avais le choix alors que mon remplaçant était déjà là. Ces opérations sont coûteuses :
– pour la société, car je n'ai travaillé que trente ans, après sept ou huit ans d'études ;
– pour moi, car ma retraite CNAV sera diminuée de 100 euros par mois.

Les coûts de telles opérations doivent être clairement affichés. Nous sommes dans l'angoisse des amputations de retraite prévues et communiquées par les partenaires sociaux.

Annie JOLIVET

Les préretraites sont généralement assorties d'une obligation, implicite ou explicite, voulant qu'un préretraité le reste. Le Danemark, par exemple, a mis en place des incitations au retour à l'emploi pour les préretraités. La principale difficulté est de concevoir des emplois ouverts à ces personnes. Les remplacements de surveillants évoqués par Luc Ferry en sont un exemple. Le problème est d'organiser la sécurité des transitions en fin de carrière. Elle est au moins aussi importante que les mesures de flexibilité.

Jean-Marc BOULANGER

L'ASFNE n'entre pas dans le cadre des préretraites volontaires, elle vise à atténuer la dureté des licenciements pour motif économique. Comme telle, elle restera indispensable quelles que soient la croissance et la création d'emploi, car il y aura toujours des restructurations et, toujours, il faudra faire face à des situations douloureuses dans des bassins d'emploi en difficulté. Il y aura toujours une filière 8 du régime d'assurance chômage, même si ses paramètres évoluent.

Il restera donc des personnes en situation d'inactivité involontaire avant la retraite. Je doute, dans ces conditions, qu'il soit opportun d'ouvrir la possibilité d'une préretraite volontaire dans l'exercice d'un libre choix individuel.

En effet si, aux préretraités que l'économie rejette, on ajoute ceux qu'elle souhaite retenir mais qui sont désireux de partir, on risque de voir chuter dramatiquement le taux d'emploi, déjà faible, des cinquante-cinq à soixante-quatre ans dont le poids démographique va croissant par ailleurs.

Annie JOLIVET

Le relèvement du taux d'emploi des cinquante-cinq à soixante-quatre ans exige un ensemble de mesures cohérent du point de vue des régimes de retraite, de la législation du travail et des dispositifs de la politique de l'emploi. La liberté de choix de l'âge de départ en retraite ne peut pas être totale. Le risque serait en effet de conserver voire d'accentuer les comportements de cessation précoce d'activité, l'individu assumant totalement le coût de sa décision, éventuellement sous la pression de l'employeur, alors que les préretraites font le plus souvent l'objet de négociations collectives. Il est préférable de lever les freins en gardant les limites liées à l'âge minimal, d'ouvrir des marges de manœuvre asymétriques, sauf conditions de travail pénibles. En parallèle, une réflexion sur l'emploi des actifs âgés s'impose concernant les formes d'emploi, de rémunération, le temps partiel, la place de l'intérim, le travail temporaire dans la fonction publique, etc. Ceci en sachant que le marché de l'emploi des quinquagénaires est presque inexistant en France aujourd'hui.

Estelle CARNET EYBALIN, actuaire conseil

Comment le système de retraite des militaires est-il financé ? Certains mécanismes particuliers pourraient-ils être extrapolés ?

Yannick MOREAU

Cette spécificité est légitimée par la volonté de bâtir une armée jeune malgré les difficultés de recrutement. Les dispositifs de reconversion sont exemplaires dans l'armée mais le système de retraite a un coût très élevé.

Claude VIMONT, ancien professeur à l'IEP de Paris

Nous assistons à un décalage des âges de la vie. Un nouveau troisième âge composé des gens de soixante à soixante-quinze ans est en train de naître. La perspective de traverser cette période en bonne santé et en couple, avec un appétit de vivre encore vivace, s'élargit régulièrement. Sur le marché du travail, ces gens souffrent de beaucoup moins de stress car ils savent avoir terminé le principal de leur carrière. Ils sont prêts à prendre des engagements limités. Ils peuvent donc nourrir une croissance du taux d'activité dans des emplois de toutes sortes, le dégradé des situations possibles est large et c'est pourquoi j'utilise l'expression de « société en arc-en-ciel ».

Antoine DELARUE, actuaire conseil

Ma première remarque s'adresse à monsieur Picot qui a affirmé qu'aucun problème technique ne s'opposait à l'application d'une retraite choisie. J'estime qu'au contraire un défaut d'unité des droits de retraite se fait ressentir. Le système par annuité et trimestre est sans doute trop rigide pour espérer appliquer les diverses propositions intéressantes des intervenants. Outre les problèmes informatiques, des systèmes par points seraient bien plus performants pour quantifier et finaliser les aménagements.

Ma seconde remarque reprend l'intervention de madame Moreau soulignant que le choix est virtuel à cause des difficultés de la reprise d'emploi et de l'ostracisme à l'égard des travailleurs âgés. Yves Chassard a mis en avant le risque de dumping social lié à l'emploi d'actifs âgés percevant une pension, or ce type de menace s'est toujours révélé infondé, comme ce fut le cas de la menace du tiers-monde vis-à-vis des emplois des pays développés.

Jean PICOT

Je n'ai pas affirmé qu'aucun problème ne se posait mais seulement que si chaque régime renonce à certaines rigidités, des aménagements sont possibles avec les structures actuelles.

Conclusion

Yannick MOREAU
Conseiller d'État, présidente du Conseil d'orientation des retraites

L'ambition de ce colloque, on l'a dit, n'est pas de délivrer un message que le Conseil d'orientation des retraites aurait délibéré et approuvé. Elle est de contribuer à enrichir la réflexion de tous et, notamment, la sienne sur un objectif largement partagé mais faussement simple : il faudra demain développer les marges de choix des assurés, notamment sur le moment de la cessation de leur activité professionnelle.

Cet objectif, le Conseil d'orientation des retraites le partage assurément, puisqu'il a fait d'une existence plus grande de marges de choix l'une des orientations nouvelles pour le contrat entre les générations qu'il propose et, disant cela, je m'exprime bien au nom du Conseil. Le premier rapport qu'il a présenté est allé plus loin en envisageant plusieurs mesures concrètes. Mais il ne pouvait approfondir toutes les questions et, notamment, la réflexion sur les parcours de vie qui est nécessaire pour aller plus loin. C'est dire que le Conseil devra se ressaisir du sujet s'il veut, à partir notamment des réflexions de ce matin, faire des propositions plus précises. Une partie de mon propos sera donc nécessairement plus personnelle.

Je voudrais dans cette conclusion proposer de poursuivre la réflexion que nous avons eue ce matin autour de deux idées.
– Le développement des marges de choix est très probable et assurément souhaitable pour une série de raisons que notre débat a bien montrées et que je me limite à rappeler.
– Les choix qui pourraient exister représentent des ouvertures importantes, mais à certaines conditions. La liberté individuelle ne peut, en effet, régner en maître absolu si l'on se situe, comme le fait le Conseil, dans la perspective d'une retraite solidaire respectant les orientations proposées pour le contrat entre les générations. Elle ne sera d'ailleurs réelle que si certaines conditions sont réunies.

Si ces limites et ces conditions sont bien prises en compte, il me semble que le développement de marges de choix peut être, pour les réformes des retraites, l'une des grandes orientations qui marqueront l'avenir.

Le développement des marges de choix : une orientation probable et assurément souhaitable

L'idée d'un nécessaire développement des choix individuels dans le domaine de la retraite ne correspond pas à une mode mais à une série d'aspirations et de réalités.

La première réalité est démographique. L'allongement très fort de l'espérance de vie en bonne santé que nous avons connu change la manière dont les transitions s'effectuent entre les trois grandes périodes qui, hier, rythmaient de manière simultanée jeunesse et formation, âge adulte et travail, vieillesse et retraite. Il change aussi la manière dont le travail et la formation peuvent se distribuer au cours de la vie [1].

On doit aussi prendre en compte le développement du travail féminin qui devrait s'accompagner, dans le souci de l'enfant et de ses parents, de souplesses plus grandes qu'il n'en existe aujourd'hui.

L'existence de souplesses dans la répartition du travail correspond, par ailleurs, à une aspiration générale des personnes, dans tous les domaines de la vie sociale, à disposer de plus de choix. Elle peut être d'autant plus nécessaire que les choix collectifs à faire en matière de retraite comporteront sans doute, il ne faut pas le dissimuler, une part de charges nouvelles en temps de travail ou en contribution sociale ou fiscale.

Souhaitée individuellement et familialement, portée par une mutation démographique, une souplesse plus grande pourrait être demain un champ de déploiement d'incitations collectives pour répondre aux besoins du marché du travail et favoriser le plein emploi. Aujourd'hui déjà, la réglementation particulièrement contraignante pour certaines professions s'accompagne, au vu et au su de tous, de travail au noir répondant en bonne part à des pénuries localisées d'emploi. Demain, dans un contexte démographique rendant plus difficile l'équilibre financier des régimes de retraite et susceptible de créer des pénuries sectorielles sérieuses, une certaine souplesse peut être en phase avec les besoins économiques et sociaux.

Insérer des marges de choix dans un système de retraite solidaire

Variété des marges de choix possibles

Beaucoup de choix possibles ont été évoqués ce matin et on réalise à cette évocation qu'ils pourraient changer bien des choses. Les possibilités de

1. Sur l'évolution des parcours de vie, voir notamment les études faites par X. Gaullier et A.-M. Guillemard.

rachat pourraient être développées. La poursuite d'une activité pourrait être valorisée par une amélioration du niveau de retraite et, éventuellement, les départs avant l'âge requis moins pénalisés qu'ils ne le sont actuellement. Il peut être envisagé d'anticiper certains droits à retraite. Il peut être envisagé aussi d'élargir les possibilités de cumul entre un emploi et une retraite et d'instituer des règles de non discrimination en fonction de l'âge (qui n'ont pas été abordées au cours du débat) qui se révèlent efficaces dans les pays qui les pratiquent. Il est clair que tout cela peut changer bien des choses dans le domaine de la retraite et l'on comprend que la retraite choisie, la retraite à la carte soient si fréquemment évoquées, notamment par les responsables de tous les horizons.

Choix individuels et choix collectifs, liberté et solidarité

• La nécessité d'affirmer des choix collectifs

La recherche de la liberté individuelle et de barèmes financièrement neutres ne peut naturellement pas nous dispenser de choix collectifs qui sont à faire dans la clarté. Tout barème faisant varier le montant de la retraite en fonction de l'âge et/ou de la durée de cotisation, suppose d'abord un choix collectif sur le niveau moyen des retraites à un certain âge ou à l'issue d'une certaine durée de cotisation, qui servent ainsi de point de référence [1]. Il ne s'agit pas d'un point pivot au sens rigide du terme, mais d'une garantie de clarté des choix.

La première question à poser dans le débat public n'est pas celle des marges de choix ; elle est celle du niveau de remplacement à ce point de référence et de son évolution dans le temps. Quel niveau de retraite par rapport au revenu d'activité assure-t-on, en moyenne aujourd'hui, et veut-on assurer demain, en 2010, 2020, 2040 ? Ce niveau doit être apprécié à un moment donné, qui peut être fixé non comme une norme mais comme un point de repère, par exemple soixante ans et quarante années de cotisation. On peut d'ailleurs souhaiter collectivement que le niveau choisi évolue dans le temps, par exemple pour permettre un partage des gains d'espérance de vie. Tel est le choix principal.

Certains disent qu'il faut arrêter d'accroître les cotisations et que, l'espérance de vie augmentant, l'ensemble des besoins de financement nouveaux résultant de cette augmentation <u>et</u> de l'arrivée à la retraite de générations plus nombreuses doit être entièrement couvert en baissant le niveau moyen des retraites à un âge donné. Certains affirment que la société sera plus riche et qu'il faudra prélever plus et autrement. Certains pensent que les trois types de paramètres (âge ou durée de cotisation, taux de cotisation et autres prélèvements, niveau des pensions) devront évoluer.

---

1. Le choix collectif à faire peut aussi porter sur l'évolution de ces paramètres en fonction de l'évolution de l'espérance de vie.

Tels sont les choix premiers. L'existence de marges de choix pour les assurés ne saurait en aucun cas dissoudre par magie la nécessité de se prononcer sur les options retenues.

• La liberté doit s'insérer dans la solidarité

La recherche de la liberté individuelle ne saurait non plus nous dispenser d'assurer que les choix individuels des uns ne pèsent pas sur les autres. Une neutralité financière des barèmes à la marge, qui ne méconnaît pas les conditions à réunir dans le champ de l'emploi, de la formation et du travail, qui ne méconnaît pas la nécessité de faire certains choix répondant à des objectifs sociaux comme la juste prise en compte de la pénibilité, n'est pas contraire à la solidarité. Le serait, en revanche, le fait de ne pas faire payer au coût réel par les assurés, sauf choix social particulier, les conséquences financières des choix qu'ils font. Serait également contraire à la solidarité la mise en place de modalités de choix qui tiendraient insuffisamment compte de la nécessité de préserver la solidité financière du système de retraite. Par exemple, le fait de pouvoir racheter des années de cotisation ou de pouvoir liquider sa retraite plus tôt dans des conditions telles que ce rachat ou cette liquidation pèseront sur d'autres cotisants serait à la fois contraire à la solidarité et à la préservation de la solidité financière du système de retraite. Les rachats devront être payés à leur juste prix, éventuellement avec des aides des employeurs, et ce prix est élevé [1]. Ils devront donner lieu à des provisions dans les régimes de retraite. N'entretenons pas trop d'illusions sur l'ampleur des souplesses que le rachat, même élargi, peut permettre.

• La pertinence du maintien d'une référence la notion d'âge

La modification incontestable des parcours de vie ne rend pas toute référence à l'âge obsolète et ne saurait permettre des anticipations déraisonnables des droits à la retraite.

Cela est vrai pour des raisons individuelles. Chacun naît et meurt, et le temps n'a pas la même signification selon le moment où il se situe. Le temps n'est pas seulement échangeable sur un marché : il s'inscrit aussi dans le déroulement d'une vie individuelle. Chacun comprend bien que le temps libre à quatre-vingt-dix ans ou le temps libre à douze ans ou à vingt-cinq ans n'ont pas les mêmes caractéristiques du point de vue de la capacité de travail et d'apprentissage de chaque individu.

La liberté de choix doit ainsi être doublement bornée. Elle doit l'être en ce qui concerne le début de la vie active : l'obligation scolaire à laquelle personne ne paraît prêt à renoncer est une protection de l'enfant contre lui-même, contre d'éventuels choix familiaux et contre des pressions économiques que pourraient exercer des employeurs. Elle doit l'être

1. Comme le montre le dossier du colloque.

aussi en ce qui concerne le maintien, à partir d'un certain âge, d'une possibilité de retraite d'un montant décent.

La retraite n'est plus aujourd'hui, et c'est heureux, le synonyme d'une entrée dans la vieillesse ; il reste que la vieillesse doit sûrement être une période où l'individu a conservé des droits à une retraite décente qui lui permette d'arrêter toute activité rémunérée. Il en résulte que, si les repères d'âge sont aujourd'hui différents de ce qu'ils étaient hier, ils n'ont pas perdu toute pertinence. La retraite n'est pas, pour une part au moins, un temps libre comme les autres. C'est pourquoi, dans aucun pays au monde, il n'est en général possible de prendre sa retraite avant un certain âge ; une retraite trop précoce avec des montants trop faibles ne couvrirait pas la nécessité de protéger l'individu vieillissant.

Et si des possibilités d'anticipation des droits à retraite étaient ouvertes au cours de la vie active, elles devraient, de même, être limitées. Le risque d'une certaine myopie individuelle n'est pas théorique, surtout si l'espérance de vie augmente et si les retraites sont indexées sur les prix.

C'est pourquoi également, tout en affirmant fortement la liberté de choix individuel comme un objectif politique, et en proposant un système de droits de tirage pour permettre de l'atteindre, Gösta Rehn, dès 1973, affirmait que le système mis en place devait empêcher que le compte qu'il proposait de créer pour chaque individu descende en dessous d'un certain montant minimal.

Cette nécessité de limiter les marges de choix, si l'on se place du point de vue de l'individu, existe aussi si l'on se place d'un point de vue plus économique et social. Une personne dont la pension n'aurait qu'un niveau très inférieur à son revenu d'activité, par exemple parce qu'elle a anticipé largement sur ses droits à retraite et ne veut plus ou ne peut plus, le moment venu, poursuivre une activité, risquerait d'être tentée de détourner certains dispositifs sociaux (invalidité, longue maladie) ou de faire pression sur sa famille.

Par ailleurs, comme on le souligne souvent dans les débats sur la capitalisation, mais comme on l'oublie dans les débats sur les marges de choix, l'économie ne sait qu'imparfaitement gérer les créances dans le temps. À un moment donné, les richesses redistribuées dépendent des richesses produites, le fruit de l'épargne antérieure, qu'elle soit en argent ou en temps, est toujours payé par les actifs du moment. Il faut donc bien réfléchir avant d'élargir sans limites la possibilité d'utiliser le compte épargne-temps ou l'épargne salariale pour permettre de partir plus tôt en retraite. À moins que l'on accepte le risque d'une société de rentiers pauvres, un âge minimal de la retraite (ou une durée minimale d'activité) s'impose et est d'ailleurs de fait imposé dans tous les pays [1].

1. Il ne faut d'ailleurs pas confondre la nécessité de conditions minimales avec une retraite couperet qui s'imposerait nécessairement à un moment donné et signifierait l'arrêt complet de toute activité professionnelle.

Droit au travail et activité des travailleurs âgés

Nous serions bien oublieux si nous ne mentionnions pas le droit au travail, alors que le Conseil d'orientation des retraites a fait de ce droit individuel et de cette nécessité collective l'une des orientations fondamentales. Quelle serait la liberté de choix des seniors demain s'ils continuent d'être très largement évincés du marché du travail, notamment parce que la formation des plus de quarante ans et la gestion des deuxièmes parties de carrière sont trop négligées ? C'est un changement très profond qu'il faut entamer là, après trente ans de préretraites qui ont fait de la cessation d'activité précoce le modèle de référence prédominant. Si je ne développe pas ce point, ce n'est pas qu'il est moins important que les autres, mais c'est parce que le Conseil s'est largement exprimé sur la question et que je renvoie naturellement à ses travaux.

Notons bien cependant qu'on ne saurait, à mon avis, envisager un modèle unique de cessation d'activité. Il est normal que certaines personnes changent d'activité et éventuellement d'employeur à un moment ou à un autre de la deuxième partie de leur carrière. Il n'est en revanche pas souhaitable, à notre avis, que cela soit synonyme de « petit boulot » parce que des vrais emplois ne seraient pas proposés.

Notons bien aussi que c'est la place du travail dans la société et son sens pour les personnes qui sont en jeu. Les incitations financières sont, à mon avis, légitimes, signes d'un choix collectif pour un changement de référence sur l'activité des seniors. Elles seraient d'un impact limité si le travail n'était pas reconnu comme facteur d'identité, parce qu'il est synonyme de choix d'une société en développement, et porteur de sens. La liberté de choix ne concerne pas seulement les régimes de retraite, la sécurité sociale : elle devra s'inscrire dans un droit du travail qui la prenne en compte, ce qui peut poser des questions difficiles sur les limites d'âge ou sur le droit des employeurs de mettre les salariés à la retraite. Plus que jamais, selon l'expression d'Alain Supiot, le travail et la sécurité sociale forment « un vieux couple » [1]. Il faudra demain inventer une figure un peu nouvelle.

L'ambition nous paraît alors loin d'être lisse et simple, mais elle est assez claire ; elle est de faire les choix collectifs nécessaires dans un horizon de temps raisonnable, demain ou très bientôt ; elle est de promouvoir, dans le même temps, aussi bien par les mécanismes juridiques et financiers appropriés que par des politiques [2] de l'emploi, du travail et des ressources humaines, la liberté de choix à l'intérieur de limites résultant des droits mais aussi des devoirs qu'impliquent une retraite solidaire et une société non malthusienne, ouverte sur le droit au travail et le plein emploi.

---

1. Selon l'expression qu'il a utilisée dans un article publié par la revue *Droit social*, n° 9-10, septembre-octobre 1995.
2. Sous ce terme générique, on entend ici non seulement des impulsions données par les pouvoirs publics mais aussi, et souvent d'abord, des actions relevant des entreprises.

Dossier du participant

préparé par le secrétariat général
du Conseil d'orientation
des retraites

Introduction

Le développement de possibilités de choix individuels au sein des régimes de retraite est souvent évoqué dans la perspective d'une réforme de l'assurance vieillesse : retraite à la carte, retraite choisie, etc.

Il existe peu d'enquêtes sur les attentes précises des Français dans ce domaine, mais on peut se référer à l'enquête de l'institut Médiascopie réalisée en 1999 pour France 2 [1] sur la représentation idéale de la retraite. On y voit apparaître :
– l'idée de s'affranchir des dogmes et des carcans (« pouvoir s'arrêter à cinquante-huit ans, c'est la liberté »),
– l'idée de choix individuel et de traitement personnalisé (« si quelqu'un est en forme, il devrait pouvoir aller jusqu'à soixante-sept ans »),
– l'idée d'approche différenciée selon les activités et la nature des métiers (« il y a des travaux très durs »),
– l'idée d'une approche pragmatique, au plus près du terrain, de la réalité et de la diversité des situations, d'une approche au cas par cas.

Ces attentes se combinent, certes, avec l'aspiration exprimée, avec non moins de force, à la sécurité, à des solidarités collectives et des repères sociaux forts. Il est cependant certain qu'accroître la liberté individuelle dans la détermination des parcours de vie, proposer davantage de souplesse dans le choix du moment et des modalités du passage de l'activité à la retraite, permettre l'octroi de droits individualisés en contrepartie de contributions facultatives, correspond à des attentes de plus en plus souvent exprimées.

Le Conseil d'orientation des retraites a fait du développement des marges de choix pour les assurés l'un des principes fondamentaux que pourrait retenir le système de retraite français.

Ce qui paraît simple pose, cependant, de réelles questions qui sont de plusieurs ordres.

En premier lieu, si l'on juge souhaitable d'introduire davantage de marges de choix individuel dans le système de retraite, il ne suffit certainement pas de modifier les règles des régimes. Des questions se posent quant aux conditions à remplir du point de vue de la formation, de l'emploi et du droit au travail pour que cette liberté ait un contenu réel. Elles doivent être soigneusement analysées ainsi que les réponses

1. Cf. Institut Médiascopie : Médiascopie de « Mots croisés » sur les retraites, France 2 du 21 février 2000.

susceptibles de leur être apportées. L'augmentation du taux d'activité des seniors est, d'ailleurs, aujourd'hui une préoccupation essentielle dans un pays où ce taux est parmi les plus bas d'Europe. Il faut donc aussi se demander si les règles nouvelles que l'on envisage peuvent favoriser cette augmentation ou risquent, et dans quelle mesure, d'aller à son encontre.

Une deuxième série de questions se pose sur les aménagements à réaliser dans les régimes de retraite. Elle doit sans doute tenir compte de deux préoccupations au moins : celle d'une prise en compte raisonnée de l'évolution des parcours de vie et celle de l'équilibre financier des régimes.

L'évolution des parcours de vie est un fait marquant de notre société [1]. Dès lors, il peut paraître souhaitable d'intégrer les modifications éventuelles dans un ensemble plus vaste concernant la gestion des temps de la vie. La réflexion engagée par le Conseil d'orientation des retraites sur ces sujets est encore exploratoire, mais en examinant la question des marges de choix, on doit nécessairement évoquer des questions concrètes qui tiennent compte des évolutions en cours. Par exemple, pourrait-on envisager le droit de partir sans aucune condition d'âge ? Ou au contraire faudrait-il encadrer et comment les nouvelles facultés ouvertes ?

La question de la solidité financière des régimes de retraite ne saurait naturellement être ignorée. Il faut alors se demander si les mesures et actions propres à assurer l'équilibre des régimes de retraite devraient être définies préalablement à d'éventuelles mesures d'assouplissement ou si un même système peut à la fois résoudre les problèmes d'équilibre financier et assurer la liberté de choix. Si les modifications de barème avaient les deux objectifs, il faudrait alors examiner comment le débat public devrait être organisé pour que les choix sur chacun des objectifs soient clairs. À l'inverse, certains souhaits exprimés peuvent engendrer des coûts financiers nouveaux. Il est alors nécessaire de les évaluer et d'apprécier la compatibilité des facultés de choix envisagées avec les objectifs de pilotabilité des régimes. Une ouverture de possibilités de rachat d'années de cotisation pose, par exemple, des questions de ce type.

Le nombre et l'ampleur mêmes des questions posées font de ce colloque un lieu d'échanges exploratoires plutôt que celui d'un débat autour de propositions déjà construites. Il n'a pas pour ambition d'exprimer des positions arrêtées du Conseil d'orientation des retraites mais de contribuer à une réflexion sur les modalités concrètes que pourraient revêtir de nouvelles marges de choix individuels.

Le dossier joint présente quelques éléments factuels et de problématique, qu'il a paru utile de fournir à l'appui du débat.

---

1. Cf. Fiche n° 1.

Fiche n° 1
Les parcours de vie

Dans son premier rapport, le Conseil d'orientation des retraites a examiné les changements intervenus dans le déroulement des parcours de vie et ébauché une réflexion sur les évolutions ultérieures qui peuvent dépendre de multiples facteurs. Les travaux du Conseil devraient se poursuivre sur ce sujet.

La présente fiche présente les évolutions que l'on peut constater et fait référence aux débats qui sont nés autour des constats. Il est certain que ce thème mérite une réflexion approfondie qui ne peut être éludée dans ce colloque mais ne pourra qu'y être seulement ébauchée.

Éléments constitutifs de l'évolution des parcours de vie : espérance de vie, activité féminine, entrées et sorties de la vie active

Allongement de l'espérance de vie

L'extraordinaire allongement de l'espérance de vie constaté au cours du vingtième siècle est bien connu. L'espérance de vie à la naissance des hommes est passée de cinquante-cinq à soixante-quinze ans entre 1930 et 2000, celle des femmes de soixante à quatre-vingt-deux ans et demi. L'espérance de vie à soixante ans a augmenté également, et atteint actuellement 20,2 ans pour les hommes et 25,6 ans pour les femmes. L'espérance de vie sans incapacité, sans doute la plus importante pour évaluer la qualité de la vie, augmente à un rythme comparable. Des inégalités fortes, d'ampleur comparable à l'écart d'espérance de vie entre hommes et femmes, demeurent néanmoins entre catégories socioprofessionnelles.

Cette évolution a conduit peu à peu à une dissociation entre retraite et vieillesse, les premières années de la retraite étant, pour de plus en plus de gens, une période vécue en bonne santé et un moment de nombreuses activités (de loisirs, familiales, bénévoles, etc.).

Évolution de l'activité féminine

Les Françaises se situent parmi les plus actives d'Europe. Depuis les années 1960, l'activité professionnelle des femmes se développe de façon continue : les femmes représentent 36 % de la population active en

1975, 41 % en 1982, et 45,5 % en 2001 (parmi les femmes de vingt-cinq à cinquante-quatre ans, 53 % participaient à la population active en 1975, 65 % en 1982, près de 80 % actuellement).

Cette évolution ne doit pas cacher cependant la pérennité de certaines inégalités. Un écart de salaire demeure entre hommes et femmes, même s'il se réduit progressivement. Il est dû notamment à un recours plus important au temps partiel pour les femmes : 27,1 % de la population active féminine occupe une activité à temps partiel, contre 4,7 % pour la population active masculine. Le temps partiel est en outre fréquemment imposé, puisque près du tiers des femmes travaillant à temps partiel déclarent vouloir travailler plus. Enfin, les femmes sont plus souvent confrontées au chômage : en 2001, le taux de chômage des femmes est de 10,7 % contre 7,1 % pour les hommes. Malgré le rapprochement des taux d'activité masculin et féminin, la majorité du temps consacré aux tâches domestiques (ménage, cuisine, soins aux enfants) incombe toujours aux femmes. Les hommes consacrent 2 heures 30 par jour à ces activités tandis que les femmes y consacrent en moyenne 5 heures.

Le début de la vie active : des modes différents de passage de la jeunesse à l'âge adulte

La jeunesse, période du cycle de vie comprise entre la fin des études secondaires et l'installation dans la vie adulte, est plus tardive, plus longue, moins articulée autour d'étapes irréversibles, clairement définies. Les modifications se traduisent notamment par le recul de la fin des études, de l'installation dans un logement indépendant, de l'obtention d'un emploi, de la formation d'un couple et de la naissance d'un premier enfant. Quelques éléments chiffrés permettent d'illustrer ces tendances.

La durée des études s'est notablement accrue depuis un quart de siècle, l'âge de fin d'études atteignant actuellement environ vingt-deux ans ; symétriquement, les taux d'activité des quinze à vingt-quatre ans ont considérablement baissé, de vingt-trois points pour les garçons et de dix-huit points pour les filles entre 1975 et 1997. On a pu noter une légère remontée des taux d'activité depuis 1998, due à l'interruption de l'augmentation de la durée des études ainsi qu'à une augmentation du cumul emploi-formation. Ils se situent aujourd'hui aux alentours de 30 %.

L'allongement des études s'est produit dans un contexte économique difficile et les jeunes ont particulièrement souffert de la situation de l'emploi. Le taux de chômage des quinze à vingt-neuf ans est passé de 6 % en 1975 à 18 % en 1985. Il était d'environ 20 % sur la période 1994-1999, avant de baisser nettement pour se situer à moins de 15 % en 2001. Les jeunes, lorsqu'ils travaillent, sont souvent confrontés aux formes d'emploi les moins stables : 30 % des emplois occupés par les quinze à vingt-neuf ans sont des emplois temporaires (contrats à durée déterminée et contrats aidés, intérim, etc.).

En ce qui concerne l'accès à l'indépendance familiale, alors que l'âge médian au départ de chez les parents avait diminué pour les générations de l'après-guerre, pour atteindre un minimum pour les générations 1957-1960, il a augmenté depuis de plus de deux ans et atteint 21,9 ans pour les femmes et 24,3 ans pour les hommes de la génération 1973.

La perturbation des fins de vie active

La situation française concernant le faible taux d'emploi des travailleurs âgés est maintenant bien connue, ainsi que le développement depuis vingt-cinq ans de nombreux dispositifs d'entrée en préretraite et de cessation anticipée d'activité, qu'ils émanent de l'État ou des partenaires sociaux. Dans son premier rapport, ainsi qu'à l'occasion du colloque « Âge et travail » en avril 2001, le Conseil d'orientation des retraites a exposé de façon détaillée la situation française et développé des propositions pour mettre en œuvre une politique de l'emploi, du travail et de la formation professionnelle visant à relever les taux d'activité des seniors.

On peut souligner, de plus, que la baisse de l'âge de fin d'activité, alliée à l'augmentation de l'espérance de vie, a conduit à un très fort accroissement de la durée de l'inactivité après la carrière professionnelle. Cette évolution, rendue socialement acceptable et même désirable pour certains, grâce à la sécurité financière procurée par les différents dispositifs dc préretraite, de chômage et de retraite, a amplifié la perception de l'inactivité postprofessionnelle comme une période de repos, où l'on vit pour soi, pour sa famille, pour les autres aussi parfois, dans un cadre non contraignant.

Les débats sur l'évolution des parcours de vie

La notion de cycle ou de parcours de vie désigne le ou les modèles socioculturels qui organisent la trajectoire de la vie des individus dans une société et une période historique données. Le parcours de vie est donc un « ensemble de règles qui organise les dimensions fondamentales de la vie sociale de l'individu » [1], c'est-à-dire une institution. Il faut distinguer la notion de parcours de celle de trajectoire de vie (ou biographie) effectivement suivie par les individus ou un ensemble d'individus (groupes sociaux, cohortes).

Le débat sur la place de la retraite dans les parcours de vie doit être mené en tenant compte de deux éléments.

1. Kohli M., « The world we forgot : a historical review of the life course in later life », in *Later life, the social psychology of aging*, V.W. Marshall (ed.), Berverly Hills, Sage, 1985.

D'une part, il est difficile de savoir si toutes les évolutions constatées depuis vingt ou trente ans vont se poursuivre, voire s'amplifier. Il se pourrait qu'un contexte de plein-emploi, par exemple, ait sur les modalités du passage de la formation à l'activité et de l'activité à la retraite une influence importante. D'autres changements paraissent en revanche peu réversibles : c'est le cas de l'augmentation de l'espérance de vie ou de l'activité féminine.

D'autre part, les sensibilités et orientations des sociologues [1], des économistes, des partenaires sociaux ou des hommes et femmes politiques sont très variées. Elles s'organisent selon trois problématiques très différentes qui doivent être combinées en vue d'élaborer une réflexion globale sur la prise en compte de la thématique des parcours de vie dans l'évolution des régimes de retraite.

Privilégier les normes collectives ou les choix individuels ?

Certains sont particulièrement sensibles à la nécessité de conserver des normes collectives s'imposant à tous ou servant de référence et ayant en général pour vocation de protéger les plus faibles ou d'organiser des systèmes collectifs, et estiment qu'elles sont prioritaires par rapport à l'instauration de libertés de choix individuels ou qu'en tout cas elles doivent conserver une place centrale. D'autres valorisent en priorité la liberté individuelle, cohérente avec la diversité constatée des parcours de vie et les évolutions attendues.

Ainsi, si l'on accorde la priorité aux normes collectives, on insiste, par exemple, sur le rôle d'un droit du travail empêchant des mises à la retraite précoces avec des pensions réduites ou sur la nécessité de conserver une référence à un âge de la retraite ; si l'on valorise d'abord la liberté individuelle, on insiste, par exemple, sur l'importance d'avoir des barèmes neutres dans les régimes de retraite ou sur l'ouverture de possibilités plus importantes de cumuler une pension avec un revenu d'activité. Bien évidemment, le spectre des positions est large et beaucoup cherchent à concilier les deux pôles de la norme et de la liberté.

Quelle signification pour la retraite : temps libéré ou couverture du risque viager ?

Comme il a été noté ci-dessus, avec l'allongement de l'espérance de vie et la baisse de l'âge de cessation d'activité, une large plage d'inactivité recouvrant des situations assez différentes s'est développée depuis plusieurs décennies. Cette constatation a conduit certains à prôner une recomposition des temps de la retraite, distinguant la retraite comme couverture du risque viager, du risque fin de carrière et du risque

1. Voir par exemple X. Gaullier ou A.-M. Guillemard.

dépendance. Le risque fin de carrière relèverait de l'assurance chômage, le risque dépendance de l'assurance maladie ou d'une assurance spécifique, et la retraite aurait ici vocation à couvrir un risque vieillesse strictement entendu. L'objectif est alors de mieux équilibrer l'activité tout au long de la vie, et d'instituer une nouvelle pluriactivité, selon des modalités et des financements à imaginer, à tout âge et notamment pour la tranche d'âge des cinquante à soixante-dix ans.

Face à ce constat et ces analyses, d'autres rappellent que la retraite est désormais une aspiration partagée par une large proportion de Français et que, s'il est souhaitable et nécessaire d'augmenter l'activité des seniors en diminuant les préretraites et le chômage de fin de carrière, la retraite n'a pas pour seule légitimité de servir un revenu lorsque la personne n'a plus la capacité physique ou intellectuelle de travailler. L'âge de la retraite, s'il peut être appelé dans l'avenir à évoluer en fonction de l'augmentation de l'espérance de vie, devrait, néanmoins, toujours correspondre au moment auquel est acquis le droit, auquel beaucoup aspirent, d'une vie en bonne santé et dans des conditions matérielles décentes sans obligation professionnelle.

Le temps de la retraite doit-il être clairement distingué des autres temps de la vie adulte non consacrés à l'activité professionnelle ?

Avec la valorisation de la liberté et de la responsabilité individuelles se fait jour peu à peu la nécessité d'une réflexion large sur la promotion d'un temps choisi tout au long de la vie, temps choisi pour s'occuper de sa famille, pour se former, pour créer une entreprise, pour se consacrer à une activité personnelle, etc. S'il existe un large consensus sur ce point, la manière d'en analyser les conséquences sur la protection sociale et, en particulier, la retraite est très diverse.

Certains, tout en admettant un développement de marges de choix réels pour les assurés, insistent sur la nécessité de maintenir un critère d'âge pour la retraite, conservant une distinction essentielle entre la retraite et les autres formes de temps non consacrés à l'activité professionnelle. Cette approche maintient l'idée d'une spécialisation des rôles au cours de la vie. Elle a pour objectif de préserver le temps de la retraite des aléas que chacun est susceptible de subir au cours de sa vie. Elle a aussi pour objectif de protéger la société et la famille de l'usage anticipé de droits à retraite.

Cette conception n'exclut pas une meilleure prise en compte de certaines périodes par les régimes de retraite. Actuellement, un grand nombre de périodes de la vie adulte, non consacrées à l'activité professionnelle, sont validées par les régimes de retraite et notamment par le régime général. C'est le cas par exemple des périodes de chômage, de service national, d'une partie des périodes consacrées à l'éducation des enfants, des congés de longue durée pris dans le cadre d'un compte épargne-temps, etc. Il peut être envisageable de mieux valoriser certaines de ces périodes (par exemple le temps partiel consacré à l'éducation des enfants) et de mettre en place de nouvelles validations (s'agissant, notamment, de la formation tout au long de la vie).

Pour certains, en revanche, la fluidité plus grande des parcours de vie, la déconnexion partielle de la vieillesse et de la retraite ouvrent la voie à une réflexion sur la gestion des temps au cours de la vie qui, poussée à l'extrême, pourrait ouvrir sur la dissolution même de la notion de retraite telle qu'elle est entendue actuellement. Il existerait alors une certaine fongibilité des temps de la vie, et chacun devrait se voir offrir la possibilité de ne pas occuper d'activité professionnelle tout en recevant un revenu, pendant un temps donné, à n'importe quel moment de sa vie. Cette approche peut correspondre à l'idée de banque du temps ou de droits de tirages sociaux, tout en notant cependant que beaucoup de ceux qui ont utilisé ces expressions jusqu'ici ont été prudents et ont le plus souvent posé des limites à l'amputation prématurée des droits à la retraite pour des usages de temps libre anticipé au cours de la vie active [1]. Ainsi, un certain nombre d'années, par exemple une, deux, voire plus, pourraient être utilisées au cours de la vie pour se former, pour passer du temps avec ses enfants, pour prendre un congé sabbatique, ou pour anticiper sa retraite.

Un tel dispositif pose naturellement la question de son financement. La période de temps non travaillée peut être réalisée avec constitution préalable d'une épargne, et ceci renvoie naturellement au principe d'un compte épargne-temps (qui devrait alors être portable d'un employeur à l'autre) ; cette période peut également ne pas donner lieu à épargne préalable, et prendre la forme d'un compte préapprovisionné (en temps ou en argent) dès le début de la vie active, voire avant les études, ce qui n'est pas totalement différent des validations *a posteriori*, telles qu'elles existent actuellement.

On remarquera qu'avec des points de départ différents, les deux approches présentent des convergences, si l'on admet, d'un côté comme de l'autre, des marges de choix autour du moment du départ à la retraite et des limites à l'amputation prématurée des droits à retraite.

1. Voir par exemple G. Rehn dans son article « Pour une plus grande flexibilité de la vie de travail », *Observateur de l'OCDE*, 1973.

Fiche nº 2
L'âge de la retraite et de la cessation d'activité

Les âges de cessation d'activité se concentrent autour de points remarquables. Pour les salariés du secteur privé, ces points correspondent aux départs en préretraite ou en chômage indemnisé avec dispense de recherche d'emploi, à l'âge minimum d'ouverture du droit à pension à taux plein pour les assurés totalisant au moins quarante années d'assurance, ou inaptes au travail, et, enfin, à l'âge auquel le taux plein est accordé quelle que soit la durée d'assurance (ce qui concerne principalement les femmes ayant des carrières courtes). Pour les salariés de la fonction publique, les départs se concentrent autour de cinquante-cinq ans, âge de départ minimum pour un certain nombre de personnels en catégorie active et de soixante ans, âge minimum de départ de droit commun. Pour les non salariés, les départs se concentrent plutôt autour de soixante ans, s'agissant des commerçants, artisans et des exploitants agricoles, et de soixante-cinq ans, s'agissant des professions libérales.

Répartition des cessations d'activité par âge, tous statuts, hommes

Cessations d'activité, hommes, répartition par âge

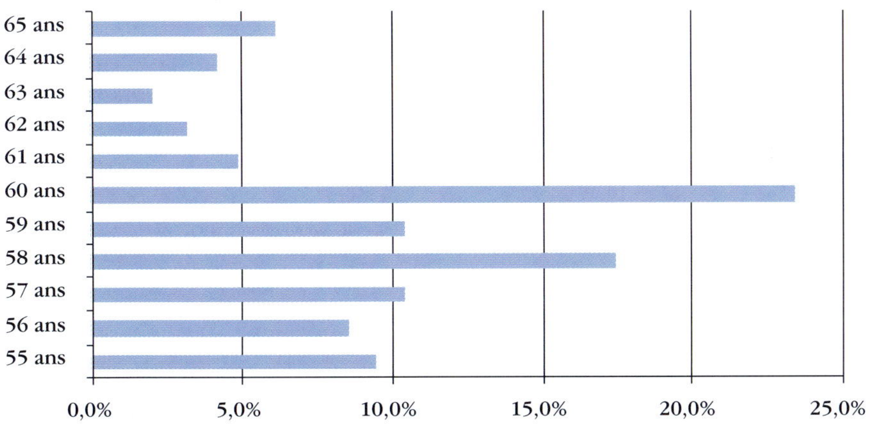

Sources : enquêtes emploi de 1996 à 2000 de l'INSEE, calcul secrétariat général du COR.

Répartition des liquidations selon l'âge, Hommes, CNAV 2000

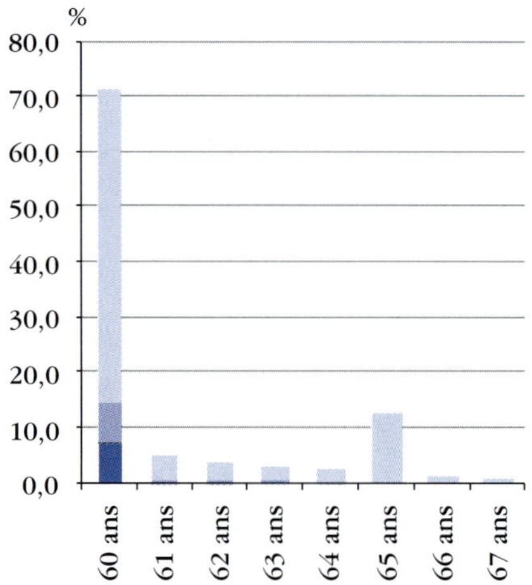

Répartition des liquidations selon l'âge, Femmes, CNAV 2000

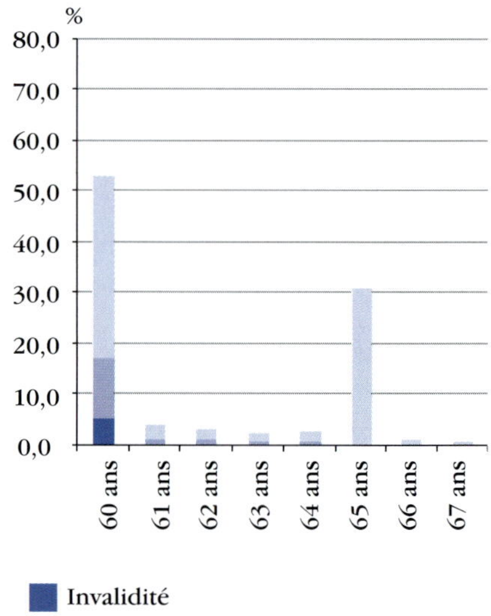

Fonctionnaires civils d'État – Répartition des liquidations 1997, retraites d'ancienneté

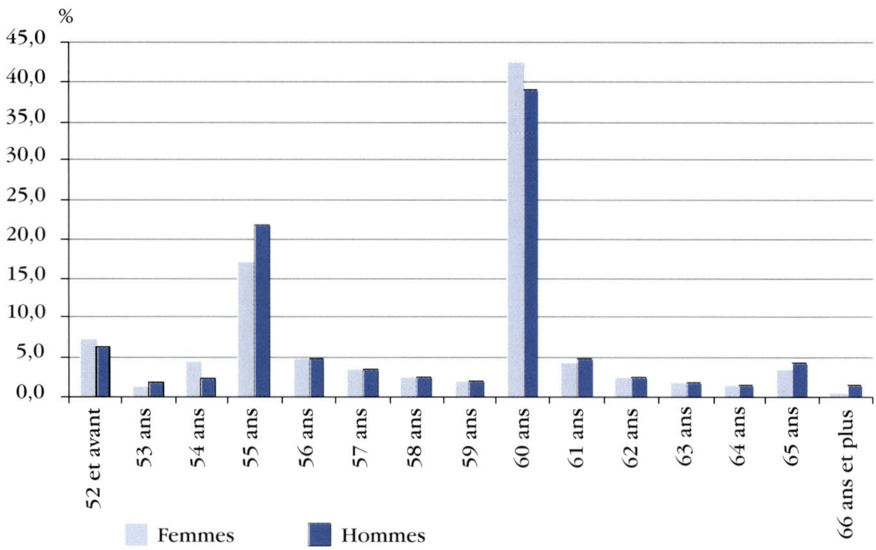

Si l'on constate des âges de cessation d'activité voisins pour les différentes catégories de salariés, il n'en va pas de même de l'âge auquel sont liquidées leurs pensions de vieillesse. Deux ans en moyenne séparent le moment où un salarié du secteur privé cesse son activité et celui où il fait liquider sa pension. Moins d'un salarié du privé sur deux est encore actif occupé au moment où il fait liquider sa pension. En revanche, il y a généralement coïncidence entre l'âge de cessation d'activité et l'âge de liquidation de la pension pour les salariés du secteur public, aussi bien que pour les non salariés.

Pour beaucoup de salariés du secteur privé, les décisions déterminant l'âge de cessation d'activité interviennent avant l'âge de la retraite. Elles renvoient à la problématique du chômage et des préretraites. Pour ceux qui sont encore employés à soixante ans, comme pour les salariés du secteur public on note, toutefois, une influence très importante des barèmes de calcul des pensions. Combinés avec la réglementation du travail et le désir de cesser son activité au plus tôt pour beaucoup, ils n'incitent pas à la poursuite de l'activité au-delà du moment où il est possible de faire liquider sa pension sans pénalisation financière trop forte.

Fiche n° 3
Les barèmes des régimes de retraite

Dans l'ensemble des régimes de retraite en France, la pension ne peut être liquidée qu'à partir d'un âge minimum : à soixante ans dans la plupart des régimes de base (à l'exception de certaines catégories professionnelles du secteur public qui peuvent partir généralement à cinquante-cinq ans) et à cinquante-cinq ans dans les régimes complémentaires des salariés du secteur privé.

Le montant de cette pension dépend, dans le régime général, les régimes des commerçants, des artisans et des salariés agricoles, et les régimes de fonctionnaires, d'une part, du revenu d'activité et, d'autre part, de la durée d'assurance validée dans la limite d'un maximum dans le régime qui est, aujourd'hui, de 37,5 ans. Pour les assurés totalisant une durée d'assurance inférieure à ce maximum, la pension est proratisée en 150e (37,5 ans x 4 trimestres).

Par ailleurs, dans le régime général et les régimes des commerçants, des artisans et des salariés agricoles, des coefficients d'abattement sont appliqués en cas de départ avant soixante-cinq ans pour les assurés aptes au travail et qui totalisent une durée d'assurance inférieure à quarante années d'assurance tous régimes confondus. De tels abattements (ou décote) n'existent pas dans la fonction publique, pas plus qu'il n'y est tenu compte de l'activité exercée dans d'autres régimes pour l'ouverture du droit à pension.

Dans l'ensemble des régimes de base considérés, la poursuite de l'activité, lorsque les conditions sont réunies pour bénéficier du taux plein, ne permet pas d'acquérir d'annuités supplémentaires. Il y a en revanche poursuite de l'acquisition de points, dans ce cas de figure, dans les régimes de retraite complémentaires des salariés du secteur privé.

Les barèmes appliqués par le régime général, les régimes des commerçants, des artisans et des salariés agricoles pénalisent fortement les anticipations du départ à la retraite. Dans l'ensemble des régimes de base précités, les barèmes appliqués encouragent peu, par ailleurs, la poursuite de l'activité.

La situation est assez différente dans les régimes des professions libérales. L'âge légal pour y obtenir une pension à taux plein y est de soixante-cinq ans. En cas de départ anticipé entre soixante et soixante-cinq ans, un coefficient d'abattement de 5 % par an y est appliqué dans le régime de base. En cas de différé au-delà de soixante-cinq ans, la pension est majorée de 5 % par année de différé, sans plafonnement. Pour les assurés ayant une activité libérale d'une durée supérieure à quinze ans, la pension de base croît en fonction du nombre d'années d'assurance accomplies dans la limite d'un maximum de 37,5 ans.

Dans une perspective d'élargissement des marges de choix individuels au sein des régimes de retraite, des aménagements de ces barèmes sont souvent proposés. Leur examen doit être sans doute articulé avec la réflexion sur les ajustements nécessaires pour assurer l'équilibre à long terme des régimes.

La situation actuelle

Le tableau ci-dessous présente de façon synthétique les caractéristiques des barèmes actuels des régimes de retraite des salariés du secteur privé, des commerçants, artisans et salariés agricoles, des fonctionnaires et des professions libérales ainsi que les conséquences induites par ces barèmes en cas d'anticipation ou de différé du départ à la retraite.

Pour les salariés du secteur privé et des régimes alignés (artisans, commerçants et salariés agricoles), le barème est très dissuasif quand l'assuré ne justifie pas à soixante ans des quarante années d'affiliation tous régimes (« décote » de 10 % par année d'anticipation). À l'inverse, quand un cotisant a droit au taux plein à soixante ans, il « cotise pour rien » quand il poursuit son activité. Plus précisément, quand le cotisant justifie de quarante années d'affiliation tous régimes (et de 150 trimestres au régime général), une année supplémentaire de cotisation n'est pas prise en compte en tant que telle dans le barème du régime général, même si elle est susceptible dans certains cas d'améliorer le salaire de référence. Une année supplémentaire donne lieu à des points supplémentaires dans les régimes complémentaires, mais non à une majoration du taux de liquidation dans la plupart des cas.

Pour les salariés de la fonction publique, quand le cotisant ne justifie pas de 37,5 ans d'affiliation à soixante ans (ou à cinquante-cinq ans pour les « services actifs »), une année d'affiliation de plus a une incidence relativement faible, équivalant à 2 % du dernier traitement ; cela constitue une faible incitation à poursuivre son activité jusqu'à l'obtention des 37,5 ans. À l'inverse, quand le cotisant justifie des 37,5 ans d'affiliation, un départ différé n'a pas d'incidence sur le montant de la pension (sauf en cas d'avancement). Dans les deux cas de figure, l'incitation financière en terme de retraite à se maintenir en activité est réduite.

Les barèmes applicables dans les régimes des professions libérales sont beaucoup plus continus.

	Régime général et régimes des commerçants, artisans et salariés agricoles	**AGIRC ARRCO**	**Fonction publique**	**Professions libérales**
Durée prise en compte pour le calcul de la pension	150 trimestres (37,5 ans)	Toute la carrière compte dans un régime par points	150 trimestres (37,5 ans)	150 trimestres (37,5 ans)
Durée prise en compte pour le calcul du minimum contributif	150 trimestres (37,5 ans)		25 ans	15 ans
Âge de liquidation « à taux plein » (sans abattement)	60 ans si 40 ans d'activité tous régimes, ou inaptitude 65 ans, sinon	60 ans si droit au taux plein au régime général *, 65 ans, sinon	60 ans, 55 ans si activité de 15 ans ou plus en « service actif », +catégories spéciales **	65 ans ou 60 ans, si inaptitude

Incidence d'une année d'anticipation du départ à la retraite

Du fait du mode de calcul de la pension

– départ d'un assuré qui n'a pas 37,5 ans dans le régime	-1,33 % du salaire (-2,66 % de la pension)	-0,5 % à -0,7 % du salaire (-2,5 % à -3,5 % de la pension)	-2 % du traitement	-200 € / an
– départ d'un assuré qui a plus de 37,5 ans dans le régime	pas d'incidence	-0,5 % à -0,7 % du salaire (-2,5 % à -3,5 % de la pension)	pas d'incidence	pas d'incidence

Du fait de la décote

– départ entre 60 et 65 ans, si pas 40 ans tous régimes	-10 % de la pension	-4 % de la pension	pas de décote	-5 % de la pension si départ avant 65 ans
– départ entre 60 et 65 ans si 40 ans tous régimes	pas de décote	pas de décote	pas de décote	-5 % de la pension si départ avant 65 ans
– départ à 65 ans ou après	pas de décote	pas de décote	pas de décote	

Incidence d'une année de différé de l'activité au-delà du moment où l'assuré a droit à une retraite à taux plein et totalise 37,5 ans dans le régime

	pas d'annuité supplémentaire *** ; éventuelle amélioration du salaire de référence	+0,5 % à +0,7 % du salaire (+2,5 % à +3,5 % de la pension)	pas d'annuité supplémentaire ; éventuelle amélioration du salaire de référence	+5 % de la pension

* Le droit au taux plein à 60 ans est réservé aux salariés du privé en activité au moment de la demande, ou chômeurs indemnisés, ou anciens salariés devenus artisans, ou dans une situation assimilée : RMI, CES, bénéficiaires de l'APR, bénéficiaires de l'ARPE..., ou reconnus inaptes au travail, déportés ou internés, anciens combattants...

** Militaires, policiers, gardiens de prison, mères de trois enfants...

*** Cependant, pour les salariés âgés de plus de 65 ans et ne disposant pas de 150 trimestres au régime général, la durée d'assurance est majorée de 2,5 % par trimestre au-delà de 65 ans en cas de prolongation de leur activité professionnelle. Exemple : pour une durée de 2 ans accomplie au-delà de 65 ans pour un assuré disposant de 120 trimestres d'assurance, la durée acquise à 67 ans s'élèvera à 120 trimestres, majorée de 8x2,5 % = 20 % soit 128x1,2 = 153,6 trimestres.

Les questions que soulèvent d'éventuels aménagements des barèmes

Les caractéristiques actuelles des barèmes des régimes expliquent, en partie, la concentration des âges de liquidation des pensions autour de quelques points (fiche n° 2). Pour favoriser un certain étalement de ces âges, diverses propositions d'aménagement de ces barèmes sont faites, avec pour objectif de donner plus de liberté de choix aux assurés. Elles retiennent logiquement un principe de neutralité financière destiné à assurer que les marges laissées aux assurés ne pèsent pas sur les finances des régimes. Pour aboutir à un tel résultat, il est possible de s'appuyer sur la notion de neutralité actuarielle marginale qui conduit à moduler les droits à pension d'un assuré lorsqu'il anticipe ou diffère son départ à la retraite, en fonction des variations du montant des cotisations encaissées et des prestations versées pour le régime. Les divers calculs disponibles aboutissent à des coefficients de l'ordre de 5 à 7 % (appliqués à la pension) par année d'anticipation ou de différé, pour des âges de départ se situant aux alentours de soixante ans (ces coefficients d'anticipation ou de différé sont calculés pour un âge donné en tenant compte de l'espérance de vie moyenne à cet âge et d'un taux d'actualisation). L'assuré a alors, en principe, la possibilité d'arbitrer entre l'âge de sa cessation d'activité et le montant de sa pension dans une plage fixée par avance. Lorsqu'ils existent, ces coefficients ajoutent leurs effets à ceux résultant de la prise en compte dans le calcul de la pension de la durée effective d'assurance : par la proratisation en fonction de la durée d'assurance maximale validable dans les régimes en annuités ou par l'acquisition de points dans les régimes en points.

Si l'on souhaitait faire évoluer les barèmes pour ouvrir plus de choix, en s'inspirant éventuellement d'un principe de neutralité financière, plusieurs questions se posent :

1) Peut-on imaginer des barèmes qui ne soient pas associés à un critère d'âge minimal, bornant la plage de choix individuel ? Une telle éventualité, évoquée par certains, est techniquement concevable. Cependant, un tel dispositif de rente viagère risquerait de susciter des comportements individuels « myopes » d'individus anticipant leur départ sans prendre en compte leur durée de vie et leurs besoins financiers à la retraite, et le cas échéant, conduire à des âges de cessation d'activité inférieurs à celui que l'on jugerait collectivement souhaitable. Ce sont ces considérations qui conduisent tous les pays à retenir des âges minimum de départ, alors même qu'ils introduisent une certaine flexibilité dans le choix du moment de la retraite : soixante et un ans en Suède, cinquante-sept ans (pour le moment) en Italie.

2) Si le barème retenu fonctionnait dans une plage d'âge donnée, comment positionner cette plage d'âge ? Cette plage d'âge pourrait-elle,

comme certains le suggèrent, commencer à cinquante-cinq ans ? Que deviendraient en ce cas les dispositifs existants d'assurance chômage voire de préretraite ?

3) Tout barème conduit à associer à un âge donné (et, le cas échéant, une durée d'assurance tous régimes) un certain taux de liquidation.

Un point du barème est généralement identifié, que l'on qualifie de moment où le droit « au taux plein », c'est-à-dire au taux jugé normal, est accordé. Ce taux est aujourd'hui de 50 %, à soixante-cinq ans ou soixante ans en cas d'inaptitude ou de durée d'assurance de quarante ans, dans le régime général et les régimes des commerçants, des artisans et des salariés agricoles (auquel s'ajoutent les droits à retraite complémentaire). Il est de 75 % à soixante ans (ou cinquante-cinq ans pour certaines catégories de personnels) dans la fonction publique. Il correspond à un forfait à soixante-cinq ans pour les professions libérales dans le régime de base (auquel s'ajoutent les droits à retraite complémentaire).

Dans une perspective d'évolution des barèmes, devrait-on envisager de façon symétrique les cas d'anticipation par rapport au moment où l'on a droit au taux plein, et les cas de différé ? On ne trouve généralement pas une telle symétrie dans les barèmes existants, notamment à l'étranger. Le contexte économique et social actuel, et le souci d'augmenter le taux d'activité des seniors, pourraient conduire à donner la priorité à une adaptation des barèmes visant à mieux rétribuer ceux qui souhaitent prolonger leur activité et différer leur départ en retraite.

4) Lorsque l'on s'interroge sur les barèmes, la question de la durée d'assurance maximum validée se pose également. Elle limite clairement l'incitation à poursuivre l'activité. Comment combiner la réflexion sur cette règle et celle sur des « coefficients » d'anticipation ou de différé ?

5) Comment combiner des adaptations des barèmes des régimes, ouvrant plus de possibilités de choix individuels et des politiques d'ajustement global destinées à assurer leur équilibre à long terme ? Peut-on effectuer simultanément les deux opérations, comme en Suède, par exemple, (voir fiche n° 10) où un barème « actuariellement neutre » est mis en place à partir de soixante et un ans, qui s'ajuste au cours du temps pour garantir à chaque génération un taux de remplacement identique à un âge qui augmente en fonction de l'espérance de vie à la retraite des générations successives ? Un individu d'une génération donnée peut choisir de partir au même âge que ceux des générations précédentes, mais il a alors une pension moindre. Ou doit-on distinguer comme en Allemagne, par exemple (voir fiche n° 10), la discussion sur l'ajustement des paramètres correspondant à une norme de référence (taux de remplacement pour quarante-cinq années d'assurance à soixante-cinq ans) et celle portant sur les marges de choix ouvertes par rapport à cette norme ?

6) Comment gérer la transition entre les barèmes actuels et de nouveaux barèmes éventuels ? La mise en place d'un nouveau barème doit, en effet, tenir compte de la répartition dans le temps des charges financières des régimes, qui est notamment tributaire des variations possibles de comportement des individus. Si un grand nombre d'assurés choisissent, par exemple, d'anticiper leur départ, même au prix d'une diminution de leur pension (et dans le cadre d'un barème théoriquement « neutre »), d'importants problèmes de trésorerie peuvent surgir pour les régimes. Quels types de précautions peut-on prendre par rapport à une telle éventualité ?

Fiche n° 4
Le choix du moment de la retraite et le droit du travail

Le principe est celui du droit au travail à tout âge. Cependant, celui-ci connaît d'importantes limitations tant dans le secteur privé que dans le secteur public. Avant la loi de 1987, instituant le droit de la mise à la retraite, il n'existait pas, dans la loi, de possibilité pour l'employeur de faire partir un salarié à la retraite. Mais de nombreuses conventions collectives instituaient des « clauses couperet » obligeant le salarié à partir à soixante ou soixante-cinq ans. Ces clauses ont été interdites. En revanche, la loi de 1987 autorise l'employeur à faire partir à la retraite tout salarié qui a acquis des droits pleins au régime de base.

Ainsi, le droit du travail considère, implicitement, qu'un salarié remplissant les conditions pour avoir une retraite à taux plein a vocation à cesser son activité.

Les règles existant dans le secteur public, sensiblement différentes, bornent toutefois également, à des degrés divers, les possibilités de poursuite de l'activité.

Enfin, la législation du cumul n'interdit pas la reprise d'une activité après la retraite, mais elle la réglemente (cf. fiche n° 8).

La législation du travail influe, ainsi, sur les modalités des cessations d'activité des seniors. Dans la perspective d'une évolution des règles des régimes de retraite destinée à favoriser plus de liberté dans le choix du moment de la retraite, la question se pose de savoir quelles adaptations de la législation du travail seraient nécessaires pour préserver une cohérence d'ensemble.

La situation juridique actuelle

Les salariés du secteur privé

- **Les salariés ayant un emploi**

Les conditions de la rupture du contrat de travail d'un travailleur âgé dépendent actuellement :
– de la possibilité du salarié de faire valoir ses droits à la retraite à taux plein ;

– de l'initiative de la rupture du contrat de travail (l'employeur ou le salarié).

Le croisement de ces deux critères conduit à classer en quatre cas le départ d'un salarié âgé (tableau 1, ci-dessous):

	Le salarié réunit les conditions de mise à la retraite (âge et durée de cotisation).	Le salarié ne réunit pas les conditions de mise à la retraite.
Initiative de l'employeur	Mise à la retraite par l'employeur : • Indemnité de départ équivalente à l'indemnité de licenciement : un mois de salaire par année d'ancienneté plus un quinzième par année d'ancienneté au-delà de quinze ans *.	Licenciement : • Indemnité de licenciement au salarié. Contribution Delalande à l'UNEDIC : de un à douze mois de salaire selon l'âge du salarié et la taille de l'entreprise.
Initiative du salarié	Accès à la retraite : • Indemnité de mise à la retraite (un à deux mois de salaire suivant l'ancienneté).	Si le salarié a moins de 60 ans, démission : • Pas d'indemnité. Si le salarié a plus de 60 ans : choix possible de partir avec une retraite partielle : • Indemnité de départ.

* Sauf disposition plus favorable dans un accord de branche ou dans le contrat de travail.

La mise à la retraite du salarié par l'employeur ne peut s'effectuer que si le salarié réunit les conditions légales de mise à la retraite, c'est-à-dire les conditions d'âge et de durée lui assurant une retraite à taux plein dans le régime de base. Elle constitue alors un mode spécifique de rupture du contrat de travail, distinct du licenciement.

Si le salarié ne réunit pas ces conditions, la rupture du contrat de travail par l'employeur est un licenciement qui doit être justifié par un motif réel et sérieux (l'âge n'est pas en lui-même un motif réel et sérieux mais la diminution des capacités à tenir le poste, qui doit être prouvée, peut en être un). Ce licenciement donne lieu à une indemnité de licenciement et à une contribution spécifique à l'assurance chômage (contribution Delalande).

Le coût pour l'employeur est représenté, pour les trois premiers cas (départ volontaire, mise à la retraite et licenciement) sur le graphique 1. On y observe l'importance, en cas de licenciement, de la contribution Delalande et donc de la distinction entre licenciement et mise à la retraite. La pénalisation est également très forte pour le salarié liquidant une retraite en subissant une décote parce qu'il ne remplit pas les conditions pour bénéficier d'une retraite à taux plein, comme le montre le tableau 2.

Cela explique que le licenciement reste une cause minoritaire de départ des travailleurs de plus de cinquante ans. Les entreprises préfèrent garder les salariés jusqu'à l'âge de la retraite ou les embaucher sur des contrats à durée déterminée comme le montre le graphique 2. Les cessations d'activité des seniors avant soixante ans prennent de préférence la forme de la préretraite, de la fin de contrat à durée déterminée ou de mission d'intérim.

L'impact positif ou négatif de la contribution Delalande sur l'emploi des salariés âgés est très discuté. On peut, en effet, penser que si le caractère dissuasif pour le licenciement paraît peu contestable, cet impact est peut-être compensé ou dépassé par une dissuasion à l'embauche. Cependant, aucune étude évaluant les effets sur les entreprises ayant versé cette cotisation à l'UNEDIC ou auprès des directeurs des ressources humaines n'a été effectuée à ce jour.

- **Les salariés au chômage ou préretraités**

Si un salarié est chômeur à cinquante-sept ans et demi ou à cinquante-cinq ans en cas de chômage de longue durée, il est dispensé de recherche d'emploi. Dès qu'il remplit les conditions pour bénéficier d'une retraite à taux plein, un salarié au chômage ou en préretraite est automatiquement « basculé » vers les régimes de retraite. Un continuum est ainsi établi entre cessations anticipées d'activité et retraite.

Les entreprises publiques

La loi du 30 juillet 1987 prévoit des dispositions spécifiques pour ces entreprises. Elles peuvent mettre à la retraite les salariés qui ont atteint l'âge minimum pour percevoir la retraite sans leur accord et même s'ils n'ont pas droit à une retraite pleine (SNCF, EDF, RATP). *De facto*, la mise à la retraite imposée a joué, dans certaines de ces entreprises, le même rôle que les préretraites dans les entreprises privées.

La fonction publique

La situation juridique des fonctionnaires est différente. La collectivité publique ne peut mettre à la retraite un fonctionnaire du seul fait qu'il a acquis des droits pleins à la retraite. En revanche, la limite d'âge entraîne pour l'employeur comme pour le salarié une interdiction de poursuite des fonctions. Cette limite est de soixante-cinq ans pour les salariés qui ont droit à la retraite à soixante ans ; la limite d'âge est relevée pour les parents qui ont eu trois enfants ou plus [1].

On notera cependant que les fonctionnaires sont très peu nombreux [2] à poursuivre leur activité au-delà de l'âge auquel ils ont le droit de partir à

1. L'existence d'une limite d'âge s'explique par le fait que les fonctionnaires ne peuvent pas être licenciés et que, sans limite d'âge, ils pourraient se maintenir indéfiniment dans l'emploi, sauf constatation médicale d'inaptitude. Rien n'interdirait cependant une dissociation plus large entre l'âge où la retraite serait possible et celui auquel elle est imposée.
2. Sauf dans certaines professions particulières où les limites d'âge sont d'ailleurs parfois supérieures à 65 ans (enseignants des universités...).

la retraite. Par ailleurs, on connaît mal la longueur des périodes cotisées dans d'autres régimes avant l'entrée dans la fonction publique.

Les questions à examiner dans la perspective d'une éventuelle évolution

Si une plus grande flexibilité était introduite dans la réglementation des régimes de retraite par la mise en place, par exemple, de barèmes modulant de façon continue le taux de calcul de la pension en fonction de l'âge de liquidation de la pension à l'intérieur d'une plage donnée, diverses questions se poseraient du point de vue du droit du travail.

Que deviendrait dans le code du travail la référence à une notion de retraite à taux plein ? Quelles seraient les possibles pressions sur les salariés pour anticiper cette retraite ? Faudrait-il, pour les limiter, établir une référence à un âge et une durée pivot, celui auquel on peut atteindre le taux de remplacement considéré comme normal (par exemple aujourd'hui soixante ans et quarante années de cotisations) ? Faudrait-il accroître les indemnités de mise à la retraite ou introduire un garde-fou d'âge minimum de mise à la retraite par l'employeur, cet âge pouvant être supérieur à l'âge pivot (par exemple soixante-cinq ans) ?

Au cas où un âge « pivot » serait prévu, devrait-il être le même pour tous les secteurs ? Devrait-il être fixé par la loi ou la négociation au niveau des branches professionnelles ? Faudrait-il le moduler suivant les métiers, leur pénibilité et l'âge de début d'exercice voire les pénuries de main-d'œuvre ? Faudrait-il d'ailleurs faire intervenir des distinctions entre les professions pour tenir compte des tensions du marché du travail ? Si oui, comment limiter les disparités entre ces professions ? Cette régulation des disparités devrait-elle relever de la législation ou de la négociation collective ?

Comment traiter de manière cohérente les conditions du passage du chômage ou de la préretraite à la retraite ? Devrait-on revenir sur les conditions actuelles qui conduisent à faire « basculer » automatiquement chômeurs et préretraités vers la retraite et, en ce cas, selon quelles modalités ?

Annexe

Graphique 1
Comparaison des coûts pour l'employeur du départ de salariés de plus de cinquante ans

Entreprise de plus de 50 salariés

Cas d'un salarié rentré à 20 ans

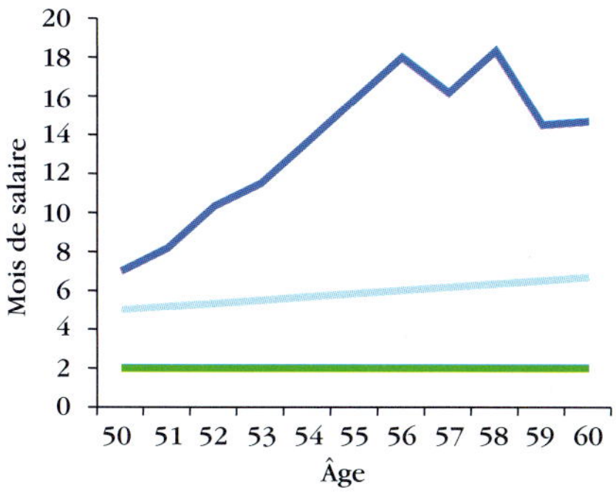

Cas d'un salarié rentré à 40 ans

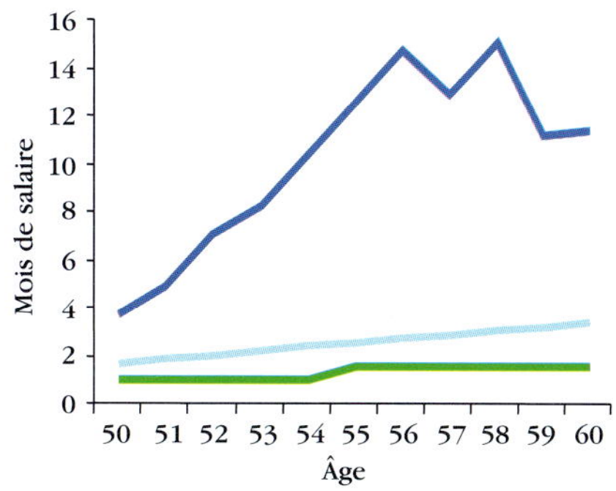

Entreprise de moins de 50 salariés

Cas d'un salarié rentré à 20 ans

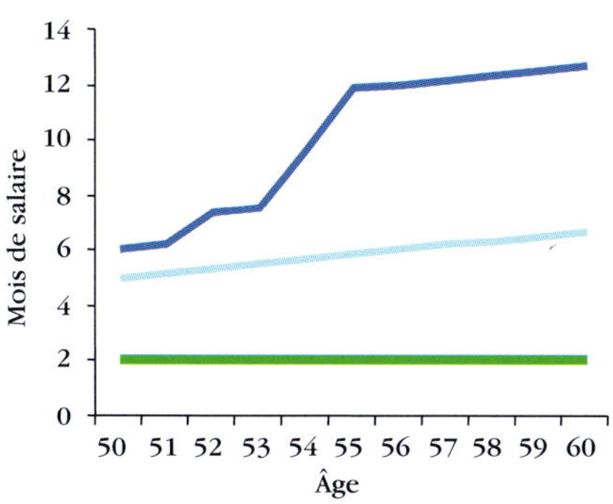

Cas d'un salarié rentré à 40 ans

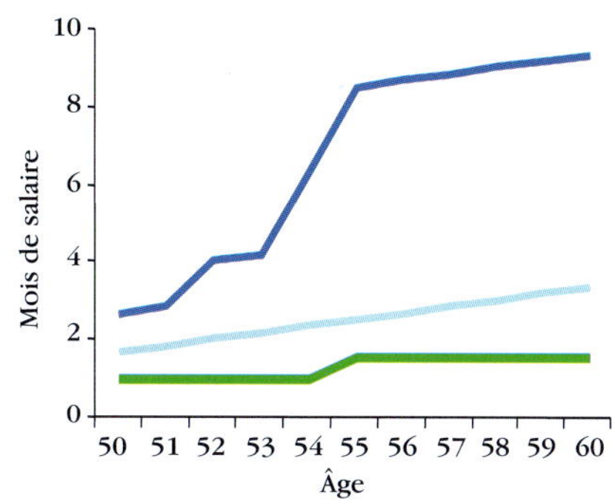

Retraite demandée — Retraite imposée — Licenciement

Tableau 2
Situation du salarié selon qu'il est en chômage ou en retraite anticipée

Cas d'un salarié de soixante ans ayant travaillé trente-huit ans et à qui il manque deux ans pour atteindre la retraite à taux plein.

Taux de remplacement net *

Ancienneté dans l'entreprise	**18 ans**		**28 ans**	
Dernier salaire	1 SMIC	2 SMIC	1 SMIC	2 SMIC
Chômage + indemnité de licenciement **	82 % +4 % = 86 %	62 % +4 % = 66 %	86 % +9 % = 95 %	66 % +9 % = 75 %
Retraite avec décote de 10 %	65 %	62 %	65 %	62 %
Préretraites ASFNE	83 %	75 %	83 %	75 %

* Rapport entre la pension liquidée et le dernier revenu, nets de cotisations sociales.

** Supplémentaire à ce que serait l'indemnité de départ en retraite et répartie sur deux ans.

Pour mémoire : indemnité de licenciement = 1/10 mois de salaire par année d'ancienneté +1/15 par année au-delà de la quinzième ; indemnité de départ à la retraite = 1/2 mois après dix ans d'ancienneté, 1 mois après quinze ans d'ancienneté, 1,5 mois après quinze ans d'ancienneté, 2 mois après trente ans d'ancienneté.

Motifs de départ des salariés âgés de plus de cinquante ans en 2000

Parmi les motifs de départ des entreprises, on note un pic de départ à la retraite à soixante ans, que ce soit dans les grandes ou les petites entreprises. Ce pic n'apparaît pas par contre à l'âge de soixante-cinq ans. Cela peut s'expliquer par le fait que ceux qui liquident leur pension à soixante-cinq ans ont déjà, pour la plupart, quitté les entreprises. Les départs pour cause de préretraite avant soixante ans sont plus fréquents dans les grandes entreprises que dans les petites.

Le second motif de départ est la fin d'un contrat à durée déterminée. Ce motif concerne principalement les moins de cinquante-cinq ans, mais aussi les plus de soixante-deux ans.

Les motifs « licenciement économique » ou « autre licenciement » sont moins fréquents : ils concernent surtout la classe d'âge cinquante-cinq à cinquante-neuf ans. Après soixante ans, ce motif est marginal. On ne note pas, sur ce plan, de différence significative de comportement entre les grandes et les petites entreprises.

Graphique 2
Causes de départ des entreprises en % du nombre de départs (en 2000)

Entreprises de plus de 50 salariés

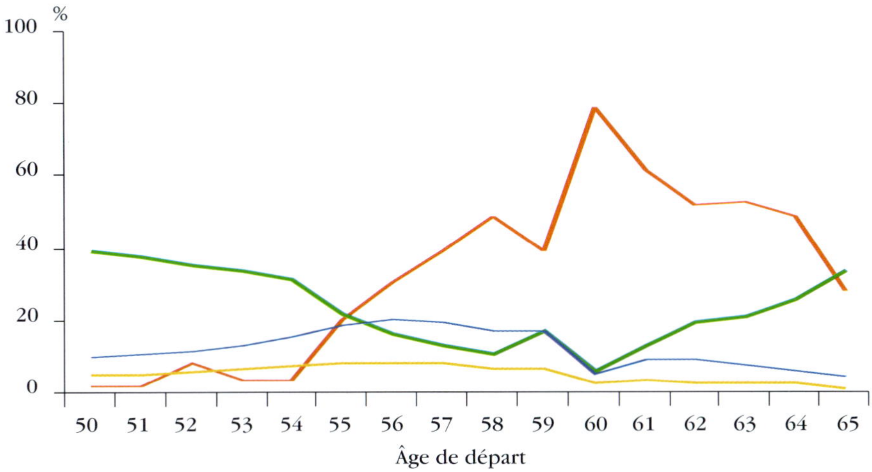

Entreprises de 10 à 50 salariés

NB : Tous les motifs de départ ne sont pas représentés dans ces graphiques, ce qui explique que, pour chaque âge, un total de 100 % n'est pas atteint.

Source : DARES DMMO-EMMO.

Fiche n° 5
Évolution des préretraites et du chômage avec dispense de recherche d'emploi

Trois grandes catégories de personnes en cessation anticipée d'activité peuvent être suivies conjoncturellement : les chômeurs dispensés de recherche d'emploi (à partir de cinquante-sept ans et demi, ou, pour les chômeurs de longue durée, à partir de cinquante-cinq ans), les bénéficiaires de l'allocation de remplacement pour l'emploi (ARPE) (essentiellement à partir de cinquante-huit ans avec une condition de durée d'assurance pour le bénéficiaire et d'embauche pour l'entreprise) et les préretraites État (allocations du Fonds national pour l'emploi et de Cessation d'activité de certains travailleurs salariés).

L'arrêt des nouvelles admissions en ARPE conduit à une baisse du nombre de bénéficiaires à partir de 2001. Après avoir fortement diminué, les préretraites État restent à un étiage inférieur à 90 000 bénéficiaires. La croissance du nombre de chômeurs dispensés de recherche d'emploi a semblé compenser, dans un premier temps, la diminution des préretraites État. Néanmoins, la diminution de l'ARPE n'est pas totalement compensée par l'augmentation du nombre de chômeurs dispensés de recherche. Au total, il y a une nette tendance à la baisse du total sur les douze derniers mois. Cependant, il est signalé par ailleurs une forte croissance des arrêts maladie des cinquante-cinq à cinquante-neuf ans.

Préretraités, ARPE et dispensés de recherche d'emploi (effectifs en fin de mois)

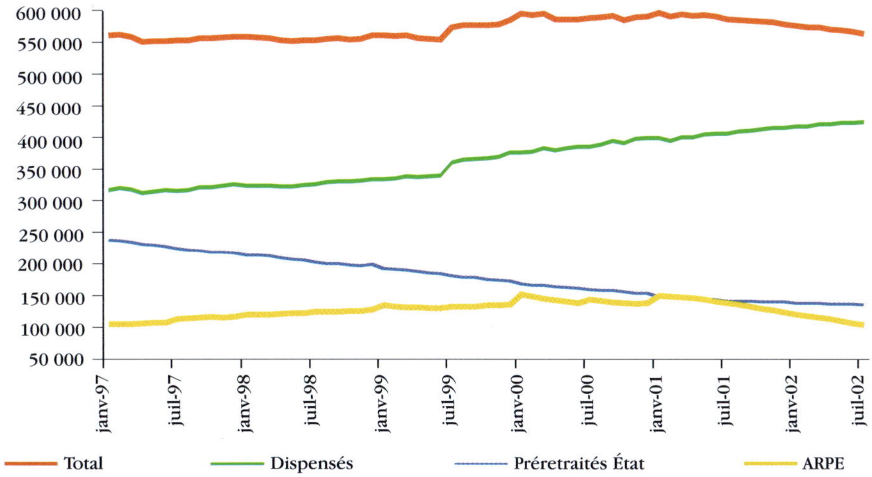

Source : COR d'après UNEDIC, Bulletin mensuel.

Fiche n° 6
Les dispositifs de cessation progressive d'activité

Il existe actuellement divers dispositifs de cessation progressive d'activité qui, mis en place au fil du temps pour répondre à des objectifs variés, constituent un ensemble complexe. Leur développement est resté faible en raison de l'existence de dispositifs concurrents qui, permettant des cessations totales d'activité dans des conditions avantageuses, ont la préférence aussi bien des assurés que des employeurs. Le souhait d'offrir des possibilités de choix plus divers dans les modalités de passage de l'activité à la retraite devrait conduire à favoriser le développement des formes progressives de cessation d'activité. La réflexion sur les évolutions à engager dans ce but doit prendre en compte l'objectif général d'augmentation du taux d'activité des seniors.

La situation actuelle

Il convient de distinguer les préretraites progressives, qui permettent des cessations anticipées d'activité avant l'âge de la retraite, et la retraite progressive qui, après l'âge de la retraite, permet un départ progressif en cumulant une rémunération d'activité à temps partiel et une fraction de la pension.

Les préretraites progressives

Les salariés de cinquante-cinq ans et plus peuvent accéder à la préretraite progressive (PRP) dans le secteur privé et à la cessation progressive d'activité (CPA) dans la fonction publique.

- **La préretraite progressive (PRP)**

La PRP a été créée en 1993 pour répondre à des besoins de politique de l'emploi. Deux objectifs étaient poursuivis : transformer des emplois à temps plein en emplois à temps partiel afin d'éviter des licenciements économiques dans les entreprises devant réduire leurs effectifs ; compenser le passage à mi-temps de salariés âgés par des embauches compensatrices pour les entreprises ayant des capacités de recrutement. Elle est soumise à la conclusion d'un accord collectif qui en définit les caractéristiques et conditionne la possibilité pour un salarié d'en demander le bénéfice [1]. L'employeur contribue au financement du dispositif par le versement d'une contribution financière.

La durée du travail du salarié en PRP doit correspondre à 50 % de la durée antérieure à temps plein, la répartition de cette durée pouvant être réalisée soit sur la période pluriannuelle de la PRP (la durée annuelle du travail devant cependant être contenue entre 20 % et 80 % de la durée à temps plein), soit sur le mois ou sur la semaine.

Une allocation complémentaire, financée par l'État, est versée au salarié en PRP par l'ASSEDIC. Cette allocation représente 30 % du salaire journalier de référence dans la limite du plafond de la sécurité sociale et 25 % pour la part excédant le plafond, dans la limite du double du plafond.

L'activité en PRP permet la validation de trimestres à l'assurance vieillesse.

En 2000, environ 42 000 personnes étaient en préretraite progressive (contre 60 000 en ASFNE, 86 000 en ARPE, 5 200 en CATS).

- **La cessation progressive d'activité (CPA)**

La CPA a été créée en 1982, avec l'objectif de dégager des emplois et de constituer un avantage pour les bénéficiaires. Elle permet aux agents de l'État et des collectivités territoriales et hospitalières de travailler à mi-temps à partir de cinquante-cinq ans.

C'est un droit ouvert à tout fonctionnaire qui en demande le bénéfice dès lors qu'il a plus de cinquante-cinq ans et qu'il n'a pas droit à une retraite anticipée à cinquante-cinq ans. Cependant, ce droit s'exerce de façon assez rigide puisque la seule faculté ouverte est celle d'un exercice à mi-temps avec impossibilité de revenir à temps plein et obligation de passage à la retraite à soixante ans.

La rémunération est composée de deux éléments : 50 % du traitement (y compris primes et indemnités) et 30 % du traitement indiciaire. L'agent en CPA acquiert des annuités au titre de la retraite au taux de 1 % par an.

En 2000, environ 28 000 fonctionnaires de l'État étaient en CPA (contre 20 000 en congé de fin d'activité, cessation totale d'activité anticipée).

La retraite progressive

La retraite progressive, instituée en 1988, permet à un salarié du secteur privé ayant les conditions d'âge et de durée de cotisation pour bénéficier d'une retraite à taux plein de poursuivre son activité à temps partiel.

1. On observe néanmoins un usage quasi individuel de la PRP dans certaines PME, où le salarié est à l'initiative de la mise en place du dispositif (cf. rapport Jolivet, Charpentier, IRES, 2001).

En plus de la rémunération versée par l'employeur, le salarié perçoit une fraction de sa retraite, d'autant plus faible que la quotité de travail est élevée : un salarié travaillant à mi-temps perçoit, dans le cadre de la retraite progressive, 50 % de sa pension de retraite.

Moins de 1000 personnes étaient en retraite progressive en 1998.

Les obstacles au développement des cessations progressives d'activité

Le développement de la préretraite progressive est souvent présenté comme une alternative aux cessations totales d'activité. Actuellement, les préretraites progressives sont concurrencées par les préretraites totales. En effet, que ce soit dans le secteur privé ou dans le secteur public, l'écart de revenu entre les préretraites totales et les préretraites partielles est faible.

Le taux de remplacement net en préretraite progressive est de l'ordre de 85 % alors qu'il est de l'ordre de 75 % pour une préretraite totale : l'incitation financière pour le travail à mi-temps est donc faible.

Les difficultés de gestion des temps partiels au niveau de l'organisation du travail des entreprises sont aussi un obstacle à son développement.

S'agissant de la retraite progressive, la nécessité de remplir les conditions permettant de bénéficier du taux plein pour y accéder, et l'impossibilité d'acquérir de nouveaux droits à la retraite, au titre de l'activité poursuivie, expliquent sans doute (avec le contexte général de l'emploi) l'absence de succès du dispositif existant.

Les questions à examiner dans la perspective d'une éventuelle évolution

La réflexion sur les évolutions susceptibles d'être envisagées est de nature différente s'agissant des préretraites et des retraites progressives.

S'agissant des préretraites progressives, la réflexion doit, sans doute, être conduite dans la perspective globale d'un resserrement des dispositifs de cessation anticipée d'activité et d'un recul de l'âge moyen de cessation d'activité. La question qui se pose est alors celle de savoir comment imaginer une substitution de départs en préretraite progressive à des départs en préretraite totale, aboutissant au total à une augmentation progressive de l'activité au-delà de cinquante-cinq ans. Quel calibrage des dispositifs et quelles évolutions des critères d'ouverture des droits permettraient de répondre à un tel objectif ? Si, en effet, la diffusion de la préretraite progressive vers des personnes qui auraient été en cessation totale d'activité est bénéfique pour les taux d'emploi et les comptes sociaux, une diffusion symétrique vers des personnes qui auraient poursuivi leur activité à temps plein jusqu'à soixante ans aurait naturellement des conséquences inverses.

Des questions qualitatives doivent être également abordées. Elles concernent les conditions de mise en œuvre des dispositifs concernés et notamment les aménagements de l'organisation du travail qu'ils supposent, ainsi que leur éventuelle adéquation au traitement de certaines situations de pénibilité.

S'agissant de la retraite progressive, il est certain que son développement favoriserait, dans le contexte actuel, l'augmentation des taux d'activité aux âges élevés. Les statistiques des départs en retraite démontrent, en effet, que la plupart des salariés font liquider leur pension dès qu'ils réunissent les conditions pour bénéficier du taux plein.

Pour rendre plus attractif le dispositif, on peut imaginer revenir sur le caractère définitif de la liquidation de la pension en permettant au salarié en retraite progressive d'acquérir des droits supplémentaires au titre de sa prolongation d'activité. On peut aussi se demander s'il ne serait pas possible d'ouvrir le dispositif à des assurés ne réunissant pas les conditions pour bénéficier du taux plein.

Dans tous les cas, des aménagements du mode de calcul de la pension dans le régime général (et les régimes alignés) devraient alors être discutés. Ils seraient à combiner avec la mise en place de mesures incitatives à la prolongation d'activité permettant à des assurés travaillant au-delà du moment où ils sont susceptibles de bénéficier du taux plein, d'améliorer leurs droits à pension.

Des questions de cohérence d'ensemble des dispositifs existants dans les différents secteurs d'activité doivent, enfin, être examinées. La première de ces questions concerne la généralisation de possibilités de retraite progressive qui n'existent pour le moment (il est vrai de façon assez peu attractive) que dans le régime général et les régimes alignés sur celui-ci. La deuxième est celle de l'articulation entre préretraite et retraite progressive, qui concerne notamment des personnes qui, à soixante ans, dans le secteur privé, ne réunissent pas les conditions pour bénéficier du taux plein.

Au total, il apparaît que ces dispositifs ont été conçus dans le cadre de deux politiques différentes (l'emploi et la retraite) et qu'une réflexion transversale serait nécessaire pour concevoir leur évolution. Par ailleurs, une réflexion concernant à la fois le secteur privé et le secteur public, les salariés et les non salariés, serait également nécessaire.

Fiche n° 7
Le compte épargne-temps

Le compte épargne-temps est un dispositif permettant aux salariés d'accumuler des droits à congé rémunéré. Le compte épargne-temps peut sembler éloigné du thème général de la liberté de choix en matière de retraite ; il lui est cependant lié en ce qu'il peut permettre d'épargner des jours pour anticiper l'âge de la retraite.

Les dispositifs existants

Dans les faits, deux dispositifs de compte épargne-temps cohabitent : celui qui s'applique dans le secteur privé, qui ne peut être mis en place que par un accord collectif, et celui qui s'applique dans la fonction publique, ouvert (sous condition d'ancienneté) à l'ensemble des agents de la fonction publique (hors enseignants).

Dans le secteur privé [1]

Créé par la loi du 25 juillet 1994, le compte épargne-temps (CET) a pour objet de « permettre au salarié qui le désire d'accumuler des droits à congé rémunéré ». Le CET est mis en place par convention ou accord collectif ; une fois le système mis en place, son usage dépend de la seule volonté du salarié.

Le compte peut être *crédité* de jours de congés ou de repos (congés payés annuels dans la limite de dix jours par an, jours de réduction du temps de travail, repos compensateur), de sommes converties en temps (primes conventionnelles, épargne salariale, une fraction de l'augmentation individuelle de salaire, abondement de l'employeur), ou d'heures effectuées au-delà de la durée collective du travail dans la limite de cinq jours par an.

Les *modalités* du CET sont organisées par la convention ou l'accord collectif. Le congé doit être pris dans un délai de cinq ans à compter de la date à laquelle le salarié a accumulé un nombre de jours de congé au moins égal à deux mois (mais cette durée minimale peut être modifiée par la convention ou l'accord collectif). Le délai maximal de cinq ans ne

1. Cf. l'article L. 227 du Code du travail et, pour une description détaillée, le supplément au numéro de *Liaisons sociales* quotidien du 26 avril 2002.

s'applique pas dans certaines conditions, notamment pour les salariés âgés de plus de cinquante ans désirant cesser leur activité de manière progressive ou totale.

Le CET peut être *utilisé pour rémunérer* le congé parental d'éducation, le congé pour création d'entreprise, le congé sabbatique, ou tout autre congé sans solde ; pour indemniser les heures non travaillées dans le cadre du passage à temps partiel ; pour rémunérer des temps de formation effectués en dehors du temps de travail ; pour financer la cessation d'activité des salariés de plus de cinquante ans.

Les *sommes versées* au salarié lors de la prise de congé sont calculées en multipliant le nombre de jours indemnisables accumulés par le taux de salaire journalier, calculé sur la base du salaire au moment de la prise de congé. Ces sommes ont le caractère de salaire et sont soumises à cotisations sociales.

Des *garanties* sont accordées aux salariés : la réintégration dans l'emploi précédent ou un emploi similaire à l'issue du congé ; le transfert des droits en cas de mutation dans une filiale du même groupe ; le versement d'une indemnité compensatrice en cas de rupture du contrat de travail ; la garantie des droits acquis par l'assurance des créances des salariés (AGS) en cas de redressement ou liquidation judiciaire.

Le *projet de loi relatif aux salaires, au temps de travail et au développement de l'emploi*, présenté en Conseil des ministres le 18 septembre 2002 [1], prévoit désormais la possibilité, par accord collectif, de décider la mise en œuvre d'une monétarisation du compte épargne-temps. Le compte pourra être alimenté à l'aide d'éléments monétaires. Les salariés pourront obtenir la liquidation des droits acquis en repos ou en argent.

Le compte épargne-temps doit être provisionné. Il présente, de ce fait, certaines difficultés techniques liées aux modalités de provisionnement (il y a incertitude sur la durée de blocage des jours épargnés, la valeur des jours épargnés évolue comme le salaire de l'épargnant, etc.). Néanmoins, des institutions proposent aux entreprises des produits de gestion administrative des comptes des salariés, de gestion du risque actif/passif et de gestion financière de l'épargne constituée ; ces institutions prennent donc en charge l'essentiel de la gestion du CET.

Le CET reste un dispositif peu utilisé dans le secteur privé [2] : début 2000, 14 % seulement des accords de RTT prévoyaient la mise en place d'un compte épargne-temps.

1. Depuis la tenue du colloque, le texte du projet de loi a été adopté par le Parlement (loi du 17 janvier 2003).
2. DARES, *Premières informations*, avril 2001.

Dans la fonction publique

Les décrets portant création du compte épargne-temps dans la fonction publique datent du 29 avril 2002 pour la fonction publique de l'État et du 3 mai 2002 pour la fonction publique hospitalière [1]. Sont éligibles tous les agents exerçant leurs fonctions au sein des administrations, des établissements publics administratifs de l'État, des établissements hospitaliers, à condition d'avoir accompli au moins une année de services de manière continue ; sont exclus les enseignants.

L'épargne annuelle maximale est de vingt-deux jours, dont une part des congés annuels (sachant que le nombre de jours de congés pris dans l'année ne peut être inférieur à vingt), des jours de réduction du temps de travail, d'une partie des jours de repos compensateur. Il faut avoir épargné quarante jours ouvrés avant de pouvoir commencer à consommer l'épargne ; à partir de la date à laquelle ces quarante jours épargnés sont atteints, les droits inscrits au compte doivent être utilisés dans un délai de dix ans.

Les congés pris au titre du compte épargne-temps sont assimilés à une période d'activité : l'agent conserve ses droits à avancement, à retraite et à congés. Il conserve également la rémunération qui était la sienne avant l'octroi de ce congé.

Le compte épargne-temps ne donne pas lieu à provisions dans les fonctions publiques.

Dans la fonction publique, les premières évaluations du taux de recours au compte épargne-temps devraient être conduites en 2003-2004.

Pour la fonction publique locale et la fonction publique hospitalière, des mesures sont en cours de préparation. Elles pourraient comporter pour la fonction publique hospitalière des adaptations significatives (en particulier sur le délai dans lequel les droits peuvent être utilisés).

Questions soulevées par les dispositifs d'épargne-temps

Trois types de questions peuvent être soulevés par les dispositifs d'épargne-temps existants : la première a trait à la liberté de choix des salariés, la deuxième à la non portabilité des droits ouverts en cas de mobilité professionnelle, la dernière enfin, qui interfère directement avec le dossier des retraites, est la question de l'utilisation de ces droits en fin de vie active.

---

1. À noter que le décret d'application pour la fonction publique territoriale n'est pas encore paru.

Sur la liberté de choix réelle des salariés

Il est clair qu'une dérive possible du CET pourrait être d'obliger des salariés (le plus souvent des cadres) à épargner des jours de congés en raison de l'impossibilité dans laquelle ils se trouveraient de prendre leurs congés annuels par suite d'une surcharge de travail [1]. Cependant, le nombre d'heures ou de jours épargnés est limité, que ce soit par la loi (le nombre de jours de congés payés annuels pouvant être épargnés étant limité à dix) ou par les accords collectifs.

Sur la non portabilité du compte

Le compte épargne-temps présente l'inconvénient de n'être, en général, pas portable d'un employeur à l'autre. Il est, en effet, lié à l'emploi occupé et non à la personne. Or, il peut paraître aléatoire d'épargner du temps à moyen terme dans un environnement économique où il n'existe pas toujours de visibilité concernant le contrat de travail avec l'employeur. La mobilité professionnelle avec changement d'employeur oblige, alors, le salarié à consommer les jours épargnés ou à toucher une indemnité compensatrice.

Sur l'utilisation possible du compte épargne-temps en fin de vie active

L'utilisation possible du compte épargne-temps pour financer une cessation anticipée d'activité est cohérente avec l'objectif de permettre au salarié d'organiser son temps de travail sur sa durée de vie active. Elle est en outre plus facile à gérer pour l'employeur qu'une utilisation en vue d'un autre motif (congé sabbatique, formation, temps partiel choisi, etc.), qui se traduit par le retour du salarié au sein de l'entreprise au terme du congé et qui est susceptible de poser des difficultés d'organisation du travail. Néanmoins, on peut s'interroger sur la pertinence d'un octroi d'avantages particuliers aux salariés de plus de cinquante ans (qui ne sont pas soumis au délai de cinq ans au cours duquel le compte doit être utilisé). Il pourrait, en effet, si ces avantages étaient largement utilisés, aller à l'encontre de l'objectif de remontée des taux d'activité des seniors, qui suppose un recul de l'âge moyen de cessation d'activité.

1. Cet aspect est souligné dans « Le compte épargne-temps : mise en œuvre et utilisation », G. de Terssac, A. Flautre, C. Thébaut, *Revue française des affaires sociales*, juillet-septembre 1998.

Quelques points à examiner dans la perspective d'une éventuelle évolution

L'évolution du compte épargne-temps soulève de multiples questions qui n'interfèrent pas directement avec la problématique des retraites mais sont d'un grand intérêt du point de vue de la problématique générale du libre choix : part des sorties monétaires dans le cadre du futur dispositif aménagé par le projet de loi récemment adopté en Conseil des ministres [1], possibilité de développement de formes de portabilité des droits...

Dans la perspective du traitement du dossier des retraites, une attention particulière devrait toutefois être portée sur les conditions effectives d'utilisation des droits accumulés en fin de vie active par les salariés concernés et leur possible évolution à venir dans un contexte où une remontée significative du taux d'activité des seniors paraît souhaitable.

1. Voir note 1, page 88.

Fiche n° 8
Le cumul entre un emploi et une retraite

La réglementation actuelle du cumul entre une rémunération d'activité professionnelle et une retraite, extrêmement variable selon les régimes, est marquée par le contexte de chômage massif qui a conduit, au moment de l'abaissement de l'âge de la retraite à soixante ans, à la mise en place de mesures assez restrictives vis-à-vis de l'exercice d'une activité professionnelle par les retraités. Cependant, dans un contexte nouveau où l'on souhaite encourager l'augmentation du taux d'activité des seniors, une évolution de cette réglementation pourrait constituer un signal fort. Par ailleurs, des pénuries de main-d'œuvre ont commencé à apparaître et pourraient se développer à l'avenir dans certains secteurs d'activité ou pour certains métiers. L'autorisation du cumul serait un moyen d'y répondre.

La situation actuelle

Avant 1982, prévalait une quasi-liberté. Le cumul d'une pension servie par les régimes de salariés du secteur privé et de non salariés (hors professions libérales) est aujourd'hui réglementé par une ordonnance de 1982. Lorsqu'il est ancien salarié, le retraité a l'obligation de rompre tout lien professionnel avec son ex-employeur, mais peut reprendre une activité salariée chez un autre employeur ou une activité non salariée, à condition qu'elle ne soit pas exercée pour le compte de l'ancien employeur. Lorsqu'il est ancien non salarié, le retraité, non seulement ne peut reprendre une activité dans le cadre de son ancienne entreprise, mais doit également changer d'activité [1].

Les régimes complémentaires ARRCO et AGIRC ne sont pas soumis à l'ordonnance de 1982 mais ont mis en place leur propre réglementation : le versement est suspendu dès que l'addition du salaire de la nouvelle activité et de la retraite (base plus complémentaire) dépasse le niveau du dernier salaire d'activité. L'IRCANTEC se borne à exiger la cessation de toute activité entraînant affiliation à son régime.

1. Il existe quelques dérogations. Par exemple, les agriculteurs peuvent continuer d'exploiter leurs terres à concurrence du cinquième de la surface minimale d'exploitation.

Les fonctionnaires ou assurés des régimes spéciaux peuvent cumuler leur pension du régime spécial et un revenu d'activité dans le secteur privé. En revanche, le versement de la pension est subordonné à une rupture de tout lien avec l'employeur. Aucun cumul n'est donc possible avec une rémunération d'activité servie par l'employeur précédent, administration de l'État, collectivité territoriale, établissement public à caractère administratif, établissement public à caractère industriel et commercial ou organisme financé à plus de 50 % par des taxes fiscales ou des subventions publiques. Avant soixante ans, le cumul traitement-pension est cependant autorisé avec l'employeur précédent si le traitement n'excède pas le quart du traitement afférent à l'indice brut 100 (environ 8 000 euros annuels) ou le quart de la pension. Par ailleurs, cette règle de non-cumul ne s'applique pas aux pensions pour invalidité. Il est à noter qu'une part importante des cumulants relevant de la fonction publique ou d'un régime spécial ont moins de soixante ans, et appartiennent donc à des catégories de personnel pouvant liquider leur pension sans condition d'âge ou dès cinquante ou cinquante-cinq ans [1].

Les retraites servies par les régimes de base des professions libérales sont exclues du champ d'application de la législation sur le cumul. Certaines professions n'ont prévu aucune réglementation du cumul : chirurgiens-dentistes, architectes, experts-comptables, etc. Cependant, les règles propres à de nombreuses activités professionnelles (agents généraux d'assurance, médecins, avocats, notaires, pharmaciens, etc.) font de la cessation d'activité une condition du versement de la pension.

En 1995-1996, le nombre de personnes ayant cumulé, au cours d'une année, un emploi et une retraite, était de l'ordre de 300 000, dont environ un tiers avaient moins de soixante ans (agents de la fonction publique ou d'entreprises nationales) et deux tiers soixante ans et plus.

Les problèmes posés par la situation actuelle

Le fait, parfois mis en avant, que les règles de non cumul ne sont pas respectées dans un nombre important de cas, et ne poseraient donc pas de problème réel, ne plaide, cependant, pas pour le maintien d'un *statu quo*, mais plutôt pour la mise en place de règles appliquées et contrôlées.

La portée des règles est en outre actuellement très variable selon les situations professionnelles, soit qu'elles soient plus ou moins faciles à tourner, soit que le degré de contrainte qu'elles induisent soit plus ou moins fort.

1. La majorité des cumulants de moins de soixante ans sont des militaires.

Par ailleurs, une évolution du contexte de l'emploi pourrait changer sensiblement la perception de l'opinion aujourd'hui réticente à l'autorisation du cumul et rendre d'actualité un certain desserrement du dispositif actuel.

Les questions à examiner dans la perspective d'une éventuelle évolution

Le contexte actuel de l'emploi interdit d'imaginer, dans l'immédiat, un bouleversement des règles existantes. La question d'aménagements de ces règles mérite toutefois d'être débattue. Elle suppose d'examiner différents points tels que :

– les règles financières de cumul qui s'imposent actuellement (en particulier dans les régimes complémentaires de salariés) en cas de reprise d'une activité par un retraité ;

– d'éventuels assouplissements par rapport à l'obligation de rupture avec l'employeur au moment de la retraite, pour les salariés (dans le cas par exemple d'activités occasionnelles), ou de changement d'activité, très rigoureux, pour certains non salariés ;

– des aménagements consistant à admettre des dérogations aux règles de cumul répondant à des évolutions de la situation de l'emploi au niveau local ou sectoriel, en cas, par exemple, d'accord social.

Fiche n° 9
Les possibilités de choix du moment du départ à la retraite à l'étranger

Dans la plupart des pays étrangers, coexistent un âge légal de départ à la retraite et des possibilités de différé du départ. Plus rarement, des possibilités d'anticipation de la liquidation de la retraite avec abattement sont prévues. La France se singularise par une concentration forte des âges de liquidation autour d'un âge plus bas que dans les autres pays (graphique 1). Par contre, le taux d'emploi des hommes après cinquante ans est assez proche de celui observé en Allemagne et en Italie, mais nettement inférieur à celui des autres pays (graphique 2). En Allemagne, en Italie, aux Pays Bas, il existe également des dispositifs de cessation d'activité anticipée soit pour invalidité, soit pour répondre à des problèmes d'emploi (préretraites).

Dans la plupart des pays étrangers, l'âge normal de la retraite est de soixante-cinq ans (voir tableau page 99) et de soixante ans pour les femmes dans certains pays (Allemagne, Angleterre). La tendance des récentes réformes est d'aligner cet âge sur celui des hommes.

Les choix relatifs au moment du départ à la retraite à l'étranger dépendent des âges retenus pour minimum et pour norme pivot par les régimes de retraite, mais aussi de l'existence d'autres dispositifs de cessation d'activité qu'il s'agisse de dispositifs emploi (préretraites, assurance chômage...) ou invalidité. Ils dépendent sans doute également de normes sociales implicites (que reflètent plus ou moins les dispositifs). Ceci explique les écarts constatés entre l'âge minimum de liquidation des pensions, l'âge moyen de cette liquidation et les âges effectifs de cessation d'activité.

Il est difficile de connaître avec précision les distributions effectives des âges de cessation d'activité et de liquidation des pensions dans les différents pays.

On notera cependant que dans les pays tels les États-Unis ou la Grande Bretagne, où les régimes de retraite obligatoires assurent un taux de remplacement faible [1], l'incitation à poursuivre l'activité au-delà de l'âge légal de la retraite est forte.

1. À nuancer, aux Etats-Unis, où le taux de remplacement est relativement élevé pour les faibles salaires.

Graphique 1

Proportion d'hommes retraités par âge entre cinquante et soixante-dix ans au milieu des années quatre-vingt-dix

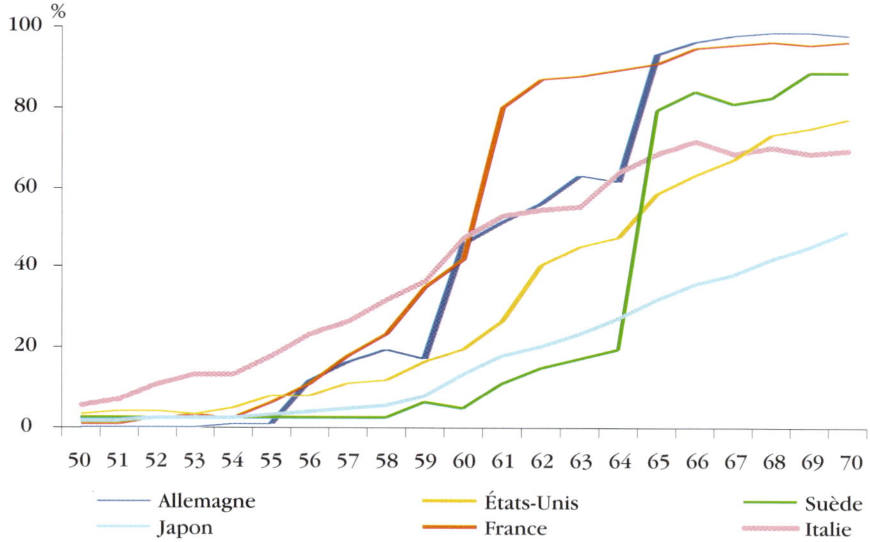

Graphique 2

Taux d'emploi des hommes de cinquante à soixante-dix ans au milieu des années quatre-vingt-dix

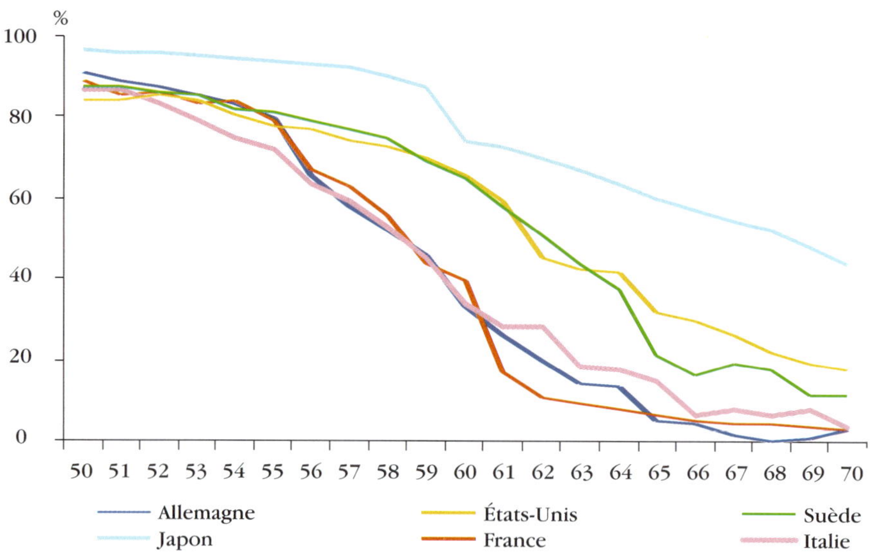

Source : J. Gruber et D. Wise.

Dans les autres pays, l'analyse doit porter sur les caractéristiques précises des barèmes qui comportent, le plus souvent, des éléments de modulation en fonction de la durée d'activité et de l'âge de cessation d'activité, dont la portée est, cependant, très influencée par le contexte général de l'emploi et du travail.

Âges normal et minimum de liquidation des droits à la retraite (salariés du secteur privé)

Pays	Âge normal	Âge minimum
Allemagne	65 ans pour les hommes, 60 ans pour les femmes (65 ans en 2005)	60 ans jusqu'en 2010 pour les femmes, 63 ans pour une durée minimale d'assurance de 35 ans (62 ans à partir de 2010)
Belgique	65 ans pour les hommes, de 61 ans (en 1998) à 65 ans (en 2009) pour les femmes	60 ans, si 28 ans d'activité professionnelle (hausse progressive à 35 ans d'ici 2005)
Canada	65 ans	60 ans
Danemark	67 ans pour le régime de base et le régime complémentaire ATP (65 ans à partir de 2004 pour le régime de base)	65 ans pour le régime ATP
Espagne	65 ans	65 ans, 60 ans transitoirement pour les assurés au système aboli le 01/01/1967, âge abaissé pour des métiers pénibles
États-Unis	65 ans (hausse progressive jusqu'à 67 ans en 2022)	62 ans
France	60 ans pour la CNAV, 65 ans pour les régimes ARRCO et AGIRC (mais 60 ans avec le dispositif AGFF)	60 ans pour la CNAV, 55 ans pour l'ARRCO et l'AGIRC
Italie	nouveau système de comptes notionnels : pas de notion explicite d'âge *normal*	nouveau système : 57 ans 57 ans pour tous à partir de 2013
Japon	65 ans pour le régime universel de base, 60 ans pour le régime complémentaire (hausse jusqu'à 65 ans entre 2013 et 2025 pour les hommes, entre 2018 et 2030 pour les femmes)	60 ans
Pays-Bas	65 ans pour le régime de base AOW et pour les fonds de pension	65 ans pour le régime de base AOW, 60 ans en général pour les fonds de pension
Royaume-Uni	65 ans pour les hommes, 60 ans pour les femmes (hausse jusqu'à 65 ans entre 2010 et 2020)	L'âge minimum correspond à l'âge *normal*
Suède	nouveau système de comptes notionnels : pas de notion explicite d'âge *normal* ; 65 ans pour la pension garantie sous condition de ressource	nouveau système : 61 ans

Sources : MISSOC (au 1er janvier 2001), CPE (2000), *Questions retraite*, Yves Guegano, octobre 2002.

Fiche n° 10
L'articulation entre les politiques assurant l'équilibre à long terme des régimes et l'ouverture de marges de choix individuel : deux exemples de réformes étrangères (Suède et Allemagne)

En Suède

La réforme introduite, en 1999, en Suède remplace un système initialement en répartition et à prestations définies, par un système composé de deux étages, l'un en répartition à cotisations définies, l'autre en capitalisation obligatoire.

Le nouveau dispositif en répartition est d'une conception originale. Il valorise la liberté de choix individuel et intègre un principe d'ajustement automatique du barème de calcul des pensions, en fonction de l'évolution moyenne de l'espérance de vie à l'âge de la retraite.

Dans ce dispositif, chaque assuré dispose d'un compte notionnel dans lequel il accumule des droits à pension. En fait, le fonctionnement d'un tel dispositif est, à cet égard, très voisin du fonctionnement d'un régime en points, tels que les régimes complémentaires français [1]. Cependant, au moment du départ à la retraite, le montant total des droits accumulés par l'assuré est converti en une pension dont le montant est calculé à partir d'une table de conversion ou barème qui évolue en fonction de l'espérance de vie de la génération à laquelle appartient l'assuré.

L'assuré est libre de choisir le moment de son départ en retraite, dès lors qu'il a atteint l'âge de soixante et un ans. Le montant de sa pension varie, alors, en fonction de l'âge auquel il décide de partir en retraite, le barème étant actuariellement neutre. Par exemple, si un assuré ayant cotisé quarante ans, décide à l'âge de soixante et un ans de repousser son départ à

1. Pour en savoir plus : *Questions retraite*, n° 99-21, septembre 1999 et n° 43, octobre 2001 (sur la réforme suédoise), Laurent Vernière, Branche retraite de la Caisse des dépôts et consignations ; *Revue de l'OFCE*, juillet 2001, « Les réformes des systèmes de retraite en France », Odile Chagny, Gaël Dupont, Henri Sterdyniak et Paola Veroni.

soixante trois ans, il augmente sa pension pour deux raisons : l'une liée à un plus grand nombre de points acquis (environ 2/40 = 5 %) et l'autre due à un taux de conversion plus fort du fait que son espérance de vie à soixante-trois ans sera plus faible qu'à soixante et un ans. Ce deuxième facteur joue, pour les générations partant aujourd'hui à la retraite, pour environ +8 %. Au total, en repoussant sa retraite de deux ans, il augmentera sa pension de 13 %.

La table de conversion ou barème étant ajustée pour chaque génération, en fonction de son espérance de vie à la retraite, on peut estimer que pour une espérance de vie à la retraite augmentant de six ans, il faudrait pour maintenir le taux de remplacement du revenu par la pension, dans un tel système où le taux de cotisation est fixé, que les générations futures allongent de quatre ans leur durée d'activité [1].

L'allongement de la durée de vie est ainsi compensé, soit par une baisse des retraites, soit par un allongement de la durée d'activité, l'arbitrage étant renvoyé aux individus dans le cadre d'un barème actuariellement neutre. Un dispositif de pension d'invalidité permet toutefois des cessations anticipées d'activité. Le dispositif de préretraite progressive existant précédemment est supprimé.

La voie de la hausse des cotisations n'est pas ouverte. Il faut, cependant, observer que le taux de cotisation actuel (18,5 % dont 16 % allant au système par répartition et 2,5 % au système par capitalisation) équilibre, en principe, le système à l'horizon de 2040, les effets de l'allongement de l'espérance de vie étant corrigés par l'adaptation du barème. Ceci s'explique par un niveau de départ élevé du taux de cotisation (le régime a jusqu'à présent accumulé des réserves) et le fait que la dégradation à venir du ratio de dépendance liée au contrecoup du *baby boom* reste modérée en Suède.

En Allemagne

La réforme du système de retraite allemand, adoptée en 2001, ajuste le système existant de retraite par répartition et crée une assurance privée facultative par capitalisation, subventionnée par l'État. Cette réforme est fondée sur la volonté de limiter la hausse des taux de cotisation à long terme. Elle prévoit une certaine baisse du taux de remplacement garanti par le système par répartition, supposée compensée par la montée en charge du système par capitalisation.

Les cibles retenues pour le système par répartition en 2030 sont : un taux de cotisation de 21,8 % (contre 19,3 % en 2000) et un taux de

1. Le décalage n'est pas de six ans, en raison du double gain réalisé par le surcroît de cotisations et la moindre durée de service des pensions.

remplacement pour une carrière type (de 45 années d'assurance) de 67 % (contre 70,7 % en 2000). L'évolution est obtenue par l'intermédiaire d'un ajustement des règles de revalorisation des droits acquis et des pensions. Le régime en répartition allemand fonctionne selon une technique proche du calcul en points de nos régimes complémentaires.

La nouvelle réforme poursuit, par ailleurs, les efforts précédemment engagés pour augmenter l'âge de cessation d'activité et de liquidation des pensions. Il était prévu un alignement progressif de l'âge normal de départ à la retraite des hommes et des femmes à soixante-cinq ans, et une disparition progressive des mécanismes de retraite anticipée, aujourd'hui largement utilisés pour des raisons tenant notamment à la situation de l'emploi (retraite à soixante-deux ans pour les assurés ayant plus de trente-cinq années d'assurance, à soixante ans pour les chômeurs et handicapés...).

La nouvelle réforme comporte, en outre, l'institution d'un système de pensions d'invalidité, se substituant aux dispositifs de cessation anticipée d'activité préexistants et destiné à rendre plus efficace le report de l'âge d'attribution du taux plein.

Des coefficients d'abattement sont prévus en cas d'anticipation de la liquidation de la pension. Des majorations existent, également en cas de différé de cette liquidation après l'âge normal de la retraite. Leur combinaison avec le mode de calcul de la pension aboutit à des barèmes inspirés d'un certain principe de neutralité financière.

Au total, et en simplifiant beaucoup, les systèmes pris pour cibles en Suède et en Allemagne ont beaucoup de caractéristiques communes : volonté de limiter la hausse des taux de cotisation, introduction d'une part de capitalisation collective destinée à compenser la baisse des taux de remplacement dans le cadre de la répartition, déport pour les générations futures de l'âge auquel un certain taux de remplacement est garanti, avec des mécanismes de majoration et ou de minoration de la pension en cas d'anticipation ou de différé du départ en retraite par rapport à cet âge.

Cependant, la présentation des deux réformes met en évidence deux façons très différentes de conduire le débat sur l'adaptation à long terme du système de retraite : l'une valorise la liberté de choix individuel, l'autre est centrée sur l'ajustement des normes collectives ; l'une adapte les barèmes automatiquement en fonction de l'espérance de vie, l'autre fait de cette adaptation l'objet d'une décision politique. Il ne faut pas, non plus, mésestimer les différences tenant à des situations différentes notamment du point de vue de la démographie et de l'emploi.

Fiche n° 11
Les rachats de cotisations

Un mécanisme de rachats de cotisations permet à des assurés de racheter rétrospectivement des années de cotisations d'assurance vieillesse dans des cas de figure bien définis. Les mécanismes qui existent actuellement dans les régimes de retraite en France sont extrêmement limités. Des propositions sont parfois faites pour élargir les possibilités de rachat. Les propositions le plus souvent émises portent sur le rachat des périodes d'études. On évoque parfois aussi des possibilités de rachat de périodes ne donnant pas lieu à validation ou donnant lieu à des validations jugées insuffisantes de certaines périodes d'inactivité (périodes d'éducation des enfants, congés sabbatiques, fins de carrière...) ou de certaines périodes de chômage (notamment chômage en début de vie professionnelle). Développer de tels mécanismes introduirait à coup sûr une marge de choix individuel supplémentaire dans les régimes existants, mais soulève de délicates questions du point de vue de l'égalité de traitement entre les différentes catégories d'assurés et de l'équilibre financier des régimes.

Les dispositifs de rachat existants

Divers dispositifs, relativement circonscrits, existent dans le régime général, la fonction publique et pour les artisans et commerçants.

Rachats de périodes non cotisées dans le régime général

Les possibilités de rachat prévues au régime général sont destinées à préserver les droits à retraite de personnes qui auraient dû légitimement relever d'un régime d'assurance vieillesse en raison de leur activité professionnelle, mais qui en ont été empêchées, soit parce que leur activité est antérieure à la mise en place de régimes auxquels elles auraient pu cotiser, soit parce qu'elles ont travaillé à l'étranger. S'y ajoutent les possibilités de rachat ouvertes aux titulaires de l'indemnité de soins aux tuberculeux dont les effectifs sont aujourd'hui négligeables.

La possibilité de procéder à un rachat de cotisations d'assurance vieillesse est ainsi actuellement limitée à cinq catégories de personnes dans le régime général :
– les anciens titulaires de l'indemnité de soins aux tuberculeux pour les périodes de versement de cette indemnité ne pouvant pas faire l'objet d'une validation gratuite ;

– les personnes dont l'affiliation au régime général, au régime des salariés agricoles ou au régime algérien a été rendue obligatoire à une date postérieure au 1er juillet 1930 (catégorie incluant les rapatriés) ;
– les détenus ayant exercé un travail pénal antérieurement au 1er janvier 1977 et les personnes qui ont fait l'objet d'une détention provisoire non imputable sur la durée de la peine ;
– les Français ou ressortissants communautaires ayant exercé une activité professionnelle, pour les premiers, hors de France et, pour les seconds, hors de France et de leur pays d'origine ;
– les personnes qui, sans recevoir de rémunération, ont rempli les fonctions de tierce personne auprès d'un membre de leur famille infirme ou invalide.

Les cotisations (parts patronale et salariale) acquittées par les intéressés sont assises sur des assiettes forfaitaires correspondant à la catégorie dans laquelle ils sont classés en fonction de la rémunération perçue au cours des six derniers mois ayant précédé leur cessation d'affiliation à un régime de base obligatoire.

Selon les statistiques de la CNAV, au cours de la dernière décennie, les demandes de rachat ont diminué de 65 %. Leur part dans le total des effectifs des cotisants est faible : en 2000, elles représentent 0,05 % (7 938 demandes) de l'ensemble de l'effectif de cotisants (15 millions). Dans cet ensemble, les demandes de rachat avec subvention de l'État (loi de 1985 en faveur des rapatriés) sont majoritaires (57 % du total des demandes en 1993).

Rachats concernant la fonction publique

Il existe entre la fonction publique d'une part, le régime général et le régime complémentaire IRCANTEC d'autre part, des mécanismes de coordination et de transferts financiers, correspondant à des rachats de cotisations. Les deux cas concernés sont les suivants :
– les fonctionnaires qui quittent la fonction publique avant d'avoir totalisé quinze ans d'assurance sont affiliés rétroactivement au régime général et au régime complémentaire IRCANTEC dans lequel ils doivent fréquemment racheter des droits ;
– les fonctionnaires qui, antérieurement à leur titularisation, ont occupé un emploi de non titulaire dans la fonction publique peuvent obtenir, à leur demande, la validation de ces services pour l'ouverture du droit et le calcul de leur pension de fonctionnaire.

Rachats dans le cadre des régimes des commerçants et des artisans

Dans les régimes de retraite des commerçants et des artisans, une personne qui cotise une année sur l'assiette minimale de cotisation existant dans ces régimes, ne valide qu'un trimestre alors qu'elle a été affiliée et qu'elle a cotisé pendant toute l'année. La loi du 11 février 1994, dite loi Madelin, a introduit la possibilité pour les personnes qui se trouvent dans cette situation de racheter les trimestres manquants.

Le rachat d'une ou plusieurs années de cotisation doit intervenir dans les six ans qui suivent la date de la connaissance définitive des revenus. La totalité des trimestres manquants au titre de ou des années concernées doit être rachetée.

Les problèmes que soulèvent les rachats dans les régimes par répartition

L'ouverture de possibilités de rachat de périodes d'assurance dans les régimes en répartition soulève de difficiles questions du point de vue de l'équilibre financier des régimes et de l'égalité de traitement entre les assurés. La discussion sur les modalités de tarification de telles possibilités illustre ces difficultés.

Questions du point de vue de l'équilibre financier des régimes

Un dispositif facultatif dans un système par répartition fait par nature peser un aléa financier sur l'équilibre du système. En effet, un afflux de cotisations durant une période donnée ouvre des droits qui devront être honorés dans un avenir qui peut être lointain ; mais ces droits, lorsqu'ils seront honorés, pourraient n'être pas financés par des cotisations correspondantes, si pour une raison ou pour une autre, le dispositif n'attire plus d'assurés et donc de cotisations.

Il n'est pas possible de se prémunir contre un tel risque dans un régime fonctionnant en répartition. C'est ce qui conduit, en ce cas, à entourer les possibilités de rachat dans les régimes concernés de conditions assez restrictives pour limiter le poids qu'elles pourraient faire peser sur leur équilibre : détermination précise de la nature des périodes au titre desquelles des possibilités de rachat sont ouvertes, plafonnement du nombre d'années susceptibles d'être rachetées, délai limité pour pouvoir racheter une période considérée, conditions de ressources des assurés, etc.

L'alternative, bien sûr, serait de provisionner les engagements correspondants aux rachats effectués dans les régimes. Ceci est cohérent avec le caractère facultatif de ces opérations. Le traitement financier et comptable des rachats au sein des régimes considérés devrait alors être assuré de façon séparée du reste de la gestion.

Questions du point de vue de l'égalité de traitement entre assurés

S'agissant d'un dispositif facultatif d'assurance, la question se pose de savoir qui sont les assurés susceptibles d'y adhérer. Il est certain qu'un tel dispositif intéresse des assurés ayant (personnellement ou par l'intermédiaire de leur employeur) des disponibilités financières suffisantes pour assurer la charge de rachats qui peuvent être coûteux. Il ne répond pas en revanche, aux besoins éventuels d'assurés qui auraient des durées d'assurance insuffisantes, mais de faibles ressources. S'agissant de rachats éventuels d'années d'études, on peut ajouter le fait que, par nature, de tels rachats bénéficieraient plutôt à des assurés ayant des revenus plus élevés que la moyenne et des espérances de vie plus longues. Cette réflexion doit être nuancée par le fait qu'existent déjà des validations de périodes d'études dans certains régimes (études dans des écoles professionnelles), et une réflexion globale sur le sujet paraît nécessaire pour tenir compte de l'évolution de la réalité (réalité de la vie étudiante, cumuls d'années d'étude et d'activité...).

Il faut souligner enfin que, comme tout dispositif facultatif d'assurance, le rachat soulève le risque d'« anti-sélection », bien connu des assureurs, c'est-à-dire le risque que les assurés y adhérant aient une espérance de vie supérieure à la moyenne.

Éléments de discussion sur la tarification des rachats

La tarification du rachat doit être différente selon qu'il intervient plus ou moins tôt dans la carrière : plus il intervient tard, plus le tarif doit être élevé. Un rachat en début de vie active pourrait porter par exemple sur les années d'études ou sur des périodes correspondant à des difficultés d'insertion dans la vie professionnelle. Des rachats en cours ou en fin de vie active pourraient également être envisagés, par exemple pour racheter des années d'inactivité professionnelle (mères au foyer notamment) ou pour créer des alternatives aux préretraites (bien que cet axe de réflexion soit contraire aux préconisations du Conseil d'orientation des retraites en matière d'activité des salariés âgés).

L'hypothèse de l'ouverture de possibilités de rachats d'années d'études en début de vie active est la plus souvent évoquée. Sans entrer ici dans une discussion technique complexe, on peut signaler que le calcul de son coût peut donner lieu à interrogations. Ainsi, le seul versement de la part salariale de la cotisation, conduirait à accorder une subvention implicite aux étudiants poursuivant des études longues, qui bénéficient pourtant déjà de la quasi-gratuité des universités françaises. Au contraire, le versement d'une cotisation entière, comprenant parts salariale et patronale, augmente notablement le coût pour de jeunes actifs à la capacité d'épargne limitée. Ce coût est également fonction de l'assiette de salaire retenue : une assiette égale au SMIC serait très favorable aux personnes poursuivant des études longues qui auront, en général, un salaire annuel moyen (calculé sur les vingt-cinq meilleures années) bien plus proche du plafond de la sécurité sociale que du salaire minimum. Au contraire, une assiette proche du plafond rendrait le coût du rachat prohibitif pour de nombreux jeunes ménages.

Pour donner une idée des ordres de grandeur, si le salaire de référence servant au rachat était le SMIC et les taux de cotisation appliqués étaient les taux actuels, le prix du rachat d'une année au régime général serait de l'ordre de 2 200 euros (parts salariale et patronale incluses). Si le coût était calculé sous l'hypothèse que les vingt-cinq meilleures années seront au plafond et de façon à ce que le rachat soit aussi neutre financièrement que possible pour le régime, sous l'hypothèse d'un taux d'intérêt réel de 3 %, le prix du rachat d'une année au régime général effectué entre vingt-cinq et trente ans pourrait être de l'ordre de 8 000 à 9 000 euros. Il convient de souligner que ces montants n'incluent pas le coût d'éventuels rachats dans les régimes complémentaires.

En milieu ou en fin de carrière, le montant du tarif est plus facile à calculer, il est alors cependant beaucoup plus élevé (supérieur à 15 000 euros pour le cas de figure précédemment cité) et présente un risque très fort d'antisélection.

Les questions à examiner dans la perspective d'une éventuelle évolution

Le développement de nouvelles possibilités de rachats de cotisations introduirait plus de liberté de choix pour les assurés et pourrait contribuer à la confiance des jeunes générations envers le système de retraite, tout en maintenant une solidarité entre cotisants, au contraire des produits d'épargne individuels.

Les réflexions qui précèdent incitent toutefois à la prudence au cas où l'on souhaiterait introduire une telle souplesse.

Plusieurs points devraient alors être débattus.

La nature des périodes donnant lieu aux nouvelles possibilités de rachats

Il convient notamment de se demander, s'agissant de périodes actuellement non prises en compte par les régimes, si la meilleure réponse à apporter aux besoins qui sont exprimés doit prendre la forme de validations financées par l'ensemble des cotisants (ou par des tiers payeurs) ou de rachats individuels et facultatifs. La réponse varie, sans doute, selon la nature des périodes que l'on vise.

La technique financière utilisée : gestion dans le strict cadre de la répartition, ou provisionnement des charges correspondantes dans le cadre d'un contrat collectif

La première option conduit nécessairement à entourer de conditions très restrictives toutes possibilités de rachat. La deuxième conduit sans doute à se poser une question institutionnelle puisqu'elle ferait entrer les régimes par répartition dans un champ aujourd'hui en principe couvert par les institutions qui proposent des rentes viagères facultatives financées par capitalisation. On notera que des possibilités de rachats provisionnés, dans le cadre des régimes existants permettraient de compléter directement les droits qui y sont constitués (la question de l'évaluation de ces droits et des provisions nécessaires se posant cependant de manière différente dans des régimes en points ou en annuités).

La tarification retenue

Ce point mérite une grande attention car il importe que, dans un contexte de difficulté de financement des régimes, une tarification mal ajustée ne conduise pas à alourdir encore, au bénéfice de quelques-uns, la charge financière que devra assumer, dans les années à venir, la collectivité des assurés des régimes.

L'information des assurés

Quels que soient les choix retenus sur l'organisation des rachats, il faut souligner que l'information des assurés est un point essentiel dans ce domaine, car il peut être très difficile pour un assuré d'apprécier si le rachat est ou non pour lui avantageux.

La nécessité de développer l'information est d'ores et déjà avérée pour les contractuels de la fonction publique qui veulent assurer la continuité de leurs droits.

Fiche n° 12
Pour en savoir plus

Revues, articles

Anglaret D., « Les quinquagénaires entre l'activité et la retraite », DARES, *Premières synthèses*, n° 41.2, octobre 2001.

Anglaret D., « Bilan des préretraites et des mesures en faveur des chômeurs âgés en 2000 », DARES, *Premières synthèses*, n° 05.1, janvier 2002.

Assous L., « Les opinions des Français au début 2000 en matière d'âge de départ à la retraite », DREES, *Études et résultats*, n° 150, décembre 2001.

Barthélemy J., Cette G., « Le développement du temps vraiment "choisi" », *Droit social*, février 2002.

Bichot J., « Retraite : durée de cotisation ou neutralité actuarielle ? » et la réponse de J.-J. Dupeyroux « Une proposition pour le moins fâcheuse », *Droit social*, avril 2001.

Blanchet D., Caussat L., « Le libre choix de l'âge de la retraite : approche économique », annexe I au rapport n° 21 du Conseil d'analyse économique *Retraites choisies et progressives*, La Documentation française, Paris, 2000.

Blanchet D., Mahieu R., « Une analyse microéconométrique des comportements de retrait d'activité », *Revue d'économie politique*, 2001.

Burricand C., Roth N., « Les parcours de fin de carrière des générations 1912-1941 : l'impact du cadre institutionnel », *Économie et statistique*, n° 335, décembre 2000.

Chagny O., Dupont G., Sterdyniak H., Veroni P., « Les réformes des systèmes de retraite en Europe », *Revue de l'OFCE*, n° 78, juillet 2001.

Chassard Y., Singer V., Tessier M., « Les salariés seniors : quel avenir dans l'entreprise ? Enquête dans cinq pays : Allemagne, Royaume-Uni, Suède, États-Unis, Japon », *Cahiers du Groupe Bernard Brunhes Consultants*, n° 7, janvier 2001.

Chassard Y., « Retraites : du bon usage de la neutralité actuarielle », *Droit social*, n° 6, juin 2001.

Cloarec N., « Les passages de l'emploi à la retraite », DARES, *Premières synthèses*, n° 05.1, 2000.02.

Cœffic N., « Le cumul emploi retraite : plus fréquent chez les hommes de moins de 60 ans », DREES, *Études et résultats*, nº 14, avril 1999.

Dangerfield O., « L'âge de liquidation des droits à la retraite », DREES, *Études et résultats*, nº 22, juillet 1999.

DARES, « La durée de vie active : un siècle d'évolution 1896-1997, projection jusqu'en 2050 », *Les dossiers de la DARES*, nº 6/99, 1999.

Dedessus-Le-Moustier N., « Les fonctions du compte épargne-temps », *Droit social*, juin 1998.

Gaullier X., « Âge et emploi : de la préretraite à la décennie des fins de carrière », *Gérontologie et société*, nº 81, juin 1997.

Guégano Y., « Vers une plus grande liberté de choix de départ en retraite avec des barèmes respectant la neutralité actuarielle », *Questions retraite*, nº 2000-30, juillet-août 2000.

Guégano Y., « Prestations de retraite et sortie anticipée d'activité : quels liens entre les barèmes de liquidation et les comportements de retrait d'activité des salariés ? », *Questions retraite*, nº 2002-51, octobre 2002.

Guillemard A.-M., « Sortie précoce du marché du travail et mutations du cycle de vie en Europe », *Gérontologie et société*, nº 81, juin 1997.

Jolivet A., « Vieillissement, salaire relatif et demande de travailleurs âgés », IRES, 7 avril 2000.

Liaisons sociales, « Les salariés de plus de 50 ans et l'emploi », numéro spécial décembre 2001.

Liaisons sociales, « Le compte épargne-temps », point spécial du numéro « Congés et absences », avril 2002.

Mahieu R., Sédillot B., *Vers une plus grande neutralité actuarielle des barèmes du régime général : simulation des effets de trois barèmes sur le choix de départ en retraite des salariés de la génération 1950-1954*, INSEE, document de travail, nº G 210, février 2000.

Pelé L.-P., Ralle P., *Âge de la retraite : les aspects incitatifs du régime général*, INSEE, document de travail, nº G 9718, septembre 1997.

Rehn G., « Pour une plus grande flexibilité de la vie de travail », *Observateur de l'OCDE*, 1973.

Terssac G. de, Flautre A., Thébaut C., « Le compte épargne-temps : mise en œuvre et utilisation », *Revue française des affaires sociales*, juillet-septembre 1998.

Vernière L., « La réforme du système de retraite suédois : l'apparition d'un nouveau modèle de réforme ? », *Questions retraite*, nº 99-21, septembre 1999.

Vernière L., « Panorama des systèmes de retraite à l'étranger. Les réformes en Suède et en Italie », *Questions retraite*, n° 2001-38, avril 2001.

Vernière L., « Allemagne : la réforme 2002 du système de retraite », *Questions retraite*, n° 2001-41, juillet 2001.

Vernière L., « Suède : les récents développements de la réforme du système de retraite », *Questions retraite*, n° 2001-43, octobre 2001.

Zaidman C., « Les dispositifs de cessation d'activité : état des lieux et évolutions souhaitables », complément au rapport n° 21 du Conseil d'analyse économique *Retraites choisies et progressives*, rédigé par un groupe interadministratif dirigé par Catherine Zaidman, La Documentation française, Paris, 2000.

Ouvrages, rapports

Balmary D., *Le cumul emploi-retraite*, rapport remis en octobre 1999, non publié.

Carrère-Gee M.-C., *Les temps de la liberté*, éditions Ramsay, Paris, 2002.

Conseil d'orientation des retraites, *Retraites : renouveler le contrat social entre les générations. Orientations et débats*, premier rapport du Conseil d'orientation des retraites, La Documentation française, Paris, 2002.

Conseil d'orientation des retraites, *Âge et travail : un axe essentiel pour l'avenir des retraites*, Actes du colloque du 5 avril 2001, La Documentation française, Paris, 2001.

European industrial relations observatory (EIRO), « La retraite progressive en Europe », septembre 2001, *www.eiro.eurufound.ei*

Foucauld J.-B. de, *Les 3 cultures du développement humain : résistance, régulation, utopie*, Odile Jacob, mars 2002.

Foucauld J.-B. de, *La révolution du temps choisi*, ouvrage collectif du Club Échanges et Projets, éditions Albin Michel, 1980.

Gaullier X., *Les temps de la vie*, Esprit, 1999.

Guillemard A.-M., Légaré J., Ansart P., *Entre travail, retraite et vieillesse : le grand écart*, L'Harmattan, Paris, 1995.

INSEE, *Fin de carrière et départ à la retraite*, dossier paru dans l'*Économie française*, Hachette, coll. « Le Livre de poche », 2001-2002.

Jolivet A., Charpentier P., *Préretraites progressives et gestion prévisionnelle de l'emploi*, IRES, octobre 2001.

Office national des pensions belge, « La régularisation des périodes d'études », *www.onprvp.fgov.be*

Taddéi D., *Retraites choisies et progressives,* rapport au Conseil d'analyse économique, La Documentation française, Paris, 2000.

Thierry D., *20-40-60 ans, dessinons le travail de demain*, collectif sous la direction de Dominique Thierry, éditions d'Organisation, Eyrolles, 2002.

Documents de travail

Conseil d'administration de la CNAV, *Contribution du groupe Études et prospectives*, décembre 1998.

Conseil d'orientation des retraites, séance plénière du 6 mars 2002, *Cycle de vie et retraite*, dossier de travail.

Conseil d'orientation des retraites, séance plénière du 11 juin 2002, *Âge et travail*, dossier de travail.

Imprimé en France par EUROPE MEDIA DUPLICATION S.A.
53110 Lassay-les-Châteaux
N° dossier : 10373 - Dépôt légal : février 2003